国家自然科学基金项目（71663025）
国家社会科学基金重大项目（12&ZD213）
江西省经济社会发展重大招标项目（16ZD06）　　资助
江西省教育厅科技项目（GJJ160442）
江西省高校人文社会科学重点研究基地项目（JD17030）

鄱阳湖生态经济区
粮食生产变化与区位优化研究

张利国　鲍丙飞　陈　苏　王慧芳　著

中国环境出版社・北京

图书在版编目（CIP）数据

鄱阳湖生态经济区粮食生产变化与区位优化研究/张利国等著. —北京：中国环境出版社，2017.12
（大湖流域绿色发展丛书）
ISBN 978-7-5111-2974-1

Ⅰ. ①鄱… Ⅱ. ①张… Ⅲ. ①鄱阳湖—生态经济—经济区—粮食—生产—研究 Ⅳ. ①F326.11

中国版本图书馆 CIP 数据核字（2016）第 295450 号

责任编辑 张维平
责任校对 尹 芳
封面设计 宋 瑞

出版发行 中国环境出版社
（100062 北京市东城区广渠门内大街 16 号）
网 址：http://www.cesp.com.cn
电子邮箱：bjgl@cesp.com.cn
联系电话：010-67112765（编辑管理部）
发行热线：010-67125803，010-67113405（传真）
印 刷 北京中献拓方科技发展有限公司
经 销 各地新华书店
版 次 2017 年 12 月第 1 版
印 次 2017 年 12 月第 1 次印刷
开 本 787×1092 1/16
印 张 9.5
字 数 210 千字
定 价 40.00 元

目　录

第1章 绪 论

1.1 研究背景与意义

1.1.1 研究背景

国以民为本，民以食为天，食以粮为源，粮食安全是国家安全的基础。中华人民共和国成立以来，我国粮食生产虽然经历了不少波动，但整体呈上升趋势，特别是2004年以来，在国家一系列强农惠农富农政策的支持下，我国粮食总产量已经实现“十二连增”，2015年全国粮食总产量达到62 143.5万t，2016年虽然有所下降，但仍然达到61 623.9万t，为人民生活水平提高和经济社会持续快速发展奠定了坚实基础。但是，伴随工业化、城镇化的深入推进，我国粮食生产空间格局却发生了改变，一些沿海发达地区粮食播种面积逐步减少，粮食总产量不断下降，一些地区由原来的粮食生产大省和调出大省逐步转变为粮食生产平衡省甚至调入大省。区域粮食生产时空变化对保障粮食供需平衡和实现粮食安全国家战略提出了新的挑战。党的十八大明确了全面建成小康社会的重大任务之一是加快发展现代农业，增强农业综合能力，确保国家粮食安全和重要农产品有效供给。2015年中央一号文件进一步指出，强化对粮食主产省和主产县的政策倾斜，保障产粮大县重农抓粮得实惠、有发展；粮食主销区要切实承担起自身的粮食生产责任。2016年中央一号文件提出了农业供给侧改革，在供给侧结构性改革方案中就强调要提高供给结构对需求变化的适应性和灵活性，提高全要素生产率，强调要牢固树立和贯彻落实创新、协调、绿色、开放、共享的发展理念。2016年中央农村工作会议强调，推进农业供给侧结构性改革，要在确保国家粮食安全的基础上，紧紧围绕市场需求变化，以增加农民收入、保障有效供给为主要目标，以提高农业供给质量为主攻方向，以体制改革和机制创新为根本途径，优化农业产业体系、生产体系、经营体系，提高土地产出率、资源利用率、劳动生产率，促进农业农村发展由过度依赖资源消耗、主要满足“量”的需求，向追求绿色生态可持续、更加注重满足“质”的需求转变。同时，要立足比较优势，优化区域结构，重点建设好粮食生产功能区、重要农产品生产保护区、特色农产品优势区。2017 年中央一号文件强调要以主体功能区规划和优势农产品布局规划为依托，科学合理划定稻谷、小麦、玉米粮食生产功能区和大豆、棉花、油菜籽、糖料蔗、天然橡胶等重要农产品生产保护区，并深入实施藏粮于地、藏粮于技战略，严守耕地红线，保护优化粮食产能。可见，保障区域粮食生产的稳定和供需平衡以及在资源环境约束下提高粮食生产的质量和效率将成为未来我国农业政策的重点。

1.1.2 研究意义

我国粮食供给主要来源于国内生产，对我国粮食供给起决定性作用的是粮食主产区。江西省位于长江中下游地区，水土资源禀赋优越，农业生产历来比较发达，是我国 13 个粮食主产区①之一，也是中华人民共和国成立以来，从未间断调出商品粮的两个省份之一（另一个是吉林省）。然而，随着江西省农业战略性结构调整，粮食市场化改革逐步展开，农村城镇化步伐快速推进，对粮食生产产生了深远的影响。同时，伴随鄱阳湖生态经济区建设、昌九一体化战略、长江经济带发展战略以及江西省主体功能区建设的快速推行，区域经济发展的“扩散效应”更加明显，粮食生产的空间布局也随之发生改变。作为江西省传统农区的鄱阳湖生态经济区，一直以来都是江西的粮仓，其粮食生产在全省粮食生产中占有重要地位，2014 年，鄱阳湖生态经济区粮食播种面积 176.56 万 hm^2，占全省粮食总播种面积的 47.79%，粮食总产量 1 018.89 万 t，占全省粮食总产量的 47.53%。粮食供应在时间和空间上的分布均衡与否是影响粮食安全的重要因素（钟甫宁，2004）。从时间维度看，粮食总产量与上年市场行情、当年政策支持等因素相关，从而使得不同时段粮食生产的驱动机制存在差异。从空间维度看，受地区间资源禀赋、经济社会发展阶段等多种因素影响，导致各县（市、区）粮食生产的比较优势存在显著差异。粮食生产变化在时间和空间上的

① 我国粮食主产区包括辽宁、河北、山东、吉林、内蒙古、江西、湖南、四川、河南、湖北、江苏、安徽、黑龙江等 13 个省份。13 个主产区粮食产量占全国总产量的 75%以上，特别是黑龙江、吉林、辽宁、内蒙古、河北、山东、河南这 7 个北方主产省区占全国粮食总产量约五成。

差异对于保障粮食供需的区域平衡和实现粮食安全的国家战略提出了新的挑战。在此背景下，本研究运用描述性统计方法深入剖析鄱阳湖生态经济区粮食生产变化情况，有效把握鄱阳湖生态经济区粮食生产供需平衡状况及其内在机理；运用 Malmquist 指数方法对鄱阳湖生态经济区粮食全要素生产率进行测算和分解，并揭示粮食全要素生产率演变的原因；采用方向距离函数（directional distance function，DDF）对鄱阳湖生态经济区粮食生产传统技术效率与环境技术效率进行测算，并对两者时空差异进行分析，在此基础上，运用 ArcGIS 10.1 空间计量软件对鄱阳湖生态经济区粮食生产与环境的协调性进行探究，并采用 Stata13.0 分析影响鄱阳湖生态经济区粮食生产环境技术效率的因素；采用扩展的 Kaya 恒等式建立因素分解模型，建立对数平均迪氏分解指数模型对粮食总产量进行分解，对鄱阳湖生态经济区粮食生产变化的驱动效应进行测度，并分析驱动效应的时空差异；构建驱动因子优势指数，对鄱阳湖生态经济区各县（市）粮食生产的区位优势进行综合分析，提出粮食生产空间格局优化策略。本研究对全面把握鄱阳湖生态经济区粮食生产整体情况和提高鄱阳湖生态经济区粮食生产综合能力具有重要作用，同时也对江西省乃至全国粮食生产效率提高和区域粮食发展战略的实现具有重要理论价值和实践指导意义。

1.2 国内外研究现状及述评

1.2.1 国内研究现状

国内有关粮食生产变化驱动力测度和空间分异的研究主要集中在粮食总产量、单位面积粮食总产量、粮食生产变化驱动因素、粮食生产空间格局变化趋势及粮食生产空间变化研究方法等方面。有关粮食生产效率的研究主要集中在粮食全要素生产率测算、粮食全要素生产率驱动因素以及粮食生产环境技术效率等方面。

（1）在粮食总产量分析方面

黄季焜等（2001）分析双规制度下中国农户粮食供给反应，利用边际效应理论、价格预期理论等建立双轨制度下三种不同的供给模型，结果表明定购数量、价格对粮食生产产生显著性影响。因此，进一步验证了粮食购销市场化改革是充分发挥各地区资源优势的重要条件。谭少华等（2002）探究江苏省粮食安全问题，针对粮食安全问题提出对策。结果表明粮食作物播种面积和总产量逐年减少，耕作粗放和环境污染问题日趋严重，农业生产结构调整正面临严峻的挑战。因此要以“两种资源、两种市场”为指导思想，树立产业多元化，建立新型的农业体系，加强宏观调控政策，改善农业生产软实力，大力发展特色农业、农业科技。尹成杰（2003）通过分析我国粮食生产的状况及特征，得出粮食生产波动形成的主要因素有自然灾害、政策导向、生产投入等因素。毛智勇等（2004）对国家粮食安全与种粮补贴进行初探，针对粮食直接补贴中存在的问题，提出了将现行直接补贴纳入农业税减，统一规定全国补贴下限，设立种植规模补贴，粮食补贴费用应该由中央政府承担，建立适合我国国情的农民直接收入补贴制度，建立和完善包括农业补贴在内的农业支持法律体系等建议。王玉斌等（2007）分析我国粮食总产量波动的时间特征和省际粮食总产量地区差异变化的空间特征，进行数据分析，对于调整区域、省域之间粮食区域平衡，同时对于粮食生产和调节市场平衡具有重要的指导意义。汪燕等（2010）基于1983—2003年我国粮食面板数据构建C-D生产函数，采用粮食生产的计量经济学模型，验证多重共线性、自相关性并进行修正。结果表明影响粮食生产的主要影响因素有农用化肥施用量、粮食生产播种面积以及自然受灾面积。张志国等（2011）测算了河南省粮食生产的复种指数和潜力复种指数，利用线性回归模型构建了河南省复种指数和粮食总产量之间的模型。研究结果表明耕地复种指数与粮食总产量成正比且较为显著，现有潜力复种指数偏低。叶明华（2012）对1978—2009年粮食主产区粮食总产量的H-P滤波分解，得出中国粮食主产区粮食总产量的长期趋势与短期波动，并对短期波动的收敛性进行检验。结果表明中国粮食主产区粮食总产量1978年以来保持持续、稳定增产，2000年以后粮食增产趋于平缓，从短期来看，粮食产出波幅总体较为稳定并呈现收敛性变化趋势。邹璀等（2013）运用协整检验等模型方法对山东粮食总产量的影响因素进行探索，预测结果表明2012年后，山东粮食总产量能够实现十年增，同时根据预测的结果提出丰富补贴种类、增加粮食总产量补贴，加强农村农业人才建设等建议。周刊等（2014）计算江西省各市粮食总产量比重，根据结果揭示江西省粮食生产与耕地变化的时空动态迁移。结果表明江西省粮食生产重心和耕地分布重心在空间上均表现为“北进”的态势，在移动方位上具有趋同的走势。邵胜等（2016）运用ARIMA（1，1，0）模型对2005—2014年我国粮食总产量进行模拟比较，模拟结果精度较高，拟合效果较好，并对2015—2020年我国粮食总产量进行了预测。

（2）在单位面积粮食总产量分析方面

孙福田等（2003）运用组合预测方法对黑龙江省某农场粮食单产进行预测，通过多种单一预测方法进行预测，然后对各种预测方法进行加权处理，并由此提高预测精度。卢布等（2005）对我国中长期粮食单产潜力进行分析预测，结果发现2004年初国家采取农业扶持政策，粮食生产明显好转。因此，需要确保一定规模的粮食播种面积，科学合理的种植结构，要加强农作物新品种的培育，加大投入力度，确保利益分配关系，保证粮食生产的稳定和效率的提高。金宝石等（2006）采用统计方法、GIS 技术得到粮食单产与安徽省光照、温度、水量之间空间关系分布图，观察地区间粮食单产与光照、温度、水量之间相关性的强弱，研究结果表明，某地区的温度对粮食单产较光照、水量最明显，降水量对粮食单产的影响相对较明显，而光照对粮食单产的影响最弱。王宗明（2007）通过建立气温影响系数模型，分析气候变化对松嫩平原玉米带单产的影响。研究表明，气候变化是影响松嫩平原玉米带单产的一个重要原因。程叶青（2009）运用计量经济学模型及空间分析等方法对东北各县域的粮食生产进行了数据统计分析。结果表明，辽河平原地区和松嫩平原黑土地地区的粮食单产水平较高，而松嫩平原北部地区的县域粮食单产较低，兴安岭、长白山丘陵地区及三江平原地区粮食单产呈现增加的变化趋势。东北地区粮食单产的主要影响因素有农业投入、农业价格变动、自然灾害以及农民收入。韩万渠（2010）运用 SWOT 分析方法对我国稻谷、小麦、玉米 3 大粮食作物与国外粮食单产进行比较分析，旨在摸清我国粮食单产的现状，吸取他国粮食生产的优良模式，同时结合本国的粮食生产的特点，提出提高适合本国粮食单产的生产方式。研究结果表明稻谷、小麦、玉米的单产提高必须在国家政策的扶持下，加大科技创新和科技推广。张金萍等（2011）以河南省为例，采用 Moran's *I* 指数对河南省各县域空间自相关进行总体分析，结合散点图进一步探索各县之间局部分异，并采用地理加权回归模型测出单位播种面积、化肥使用折纯量、农村用电量等与粮食单产的相关性强弱以及方向性，为提高河南省各县域的粮食单产提供有针对性的政策。杨丽霞等（2012）根据空间局部相关性分析得到我国各省域粮食生产的重心移动的变化趋势和我国粮食生产省域之间的差异。并采用地理加权回归分析粮食单产与农业机械总动力、有效灌溉面积占比、自然灾害、地膜、农药等解释变量之间的关系，寻找符合各地区粮食生产的最佳生产要素，为提高粮食单产提供政策建议，为我国粮食安全提供保障。张杰等（2013）对湖北省地区的粮食生产进行多尺度的分析，结果发现，自 1978 年以来，湖北地区粮食呈现负增长的变化趋势，并将湖北地区粮食安全划分为粮食严重不安全地区、较不安全地区、较安全地区、富裕型地区。为进一步摸清湖北各区域的粮食生产相对变化，通过灰色关联分析方法观察解释变量与被解释变量的相似度。金涛等（2014）探讨江苏粮食单产的空间结构和单产增加量的贡献率。结果表明，从总体上来看，江苏省中部地区和北部地区的粮食单产变化量要明显高于江苏南部地区；江苏省粮食单产结构效应的增加量有正有负，总体情况来看江苏省粮食单产增加量贡献率相对较小，但是对粮食增加量空间分化作用起到了重要作用；江苏省各地市粮食单产均有增加。矫江等（2015）采用灰色关联分析方法，选取粮食播种面积、农业机械总动力、粮食生产条件、农业技术和气候变化等因素，分析黑龙江省粮食单产提高的原因。研究发现，黑龙江省粮食单产总体呈增加态势，从影响粮食单产的指标来看，气候变化对黑龙江地区粮食生长仍需进一步研究，农业技术对黑龙江省粮食单产起到重要作用，农业机械总动力、有效灌溉面积占比等生产条件对粮食生产有着关键性作用。并利用关联性分析方法对黑龙江省粮食单产的影响因素进行了关联性排序。

（3）在粮食生产变化的驱动因素方面

张落成（2000）对我国粮食生产布局变化特点和成因进行了分析，认为市场与运输条件是导致粮食生产空间格局变化的主要原因。罗万纯等（2005）利用面板数据对影响中国粮食生产区域格局的因素进行了分析。研究表明，人均耕地面积、非农收入比重、粮食单产、成灾面积、畜牧业发展状况、复种指数、经济效益比等都是影响粮食生产区域格局的因素，其中人均耕地面积、粮食单产和经济效益比的影响较为突出。薛宇峰（2005）认为形成粮食生产区域分化的主要因素除农业生产条件外，农业投入、耕地资源以及农民收入结构的变化也是不可忽视的重要方面。计量结果显示，人均承包经营耕地面积和种植业收入比率是影响粮食生产区域分化的最主要的两个因素。陆文聪等（2007）利用 Panel Data 结合空间误差模型实证分析了我国粮食生产区域空间格局变化的成因。计量结果显示，农业劳动力数量及其受教育程度、化肥、农机动力、有效灌溉面积、农村水库库容量等因素均对各地区粮食生产总量的增长起到显著正向作用；而除涝面积、自然灾害成灾受灾面积比例、农民非农就业收入比重等因素对粮食生产总量的变化起到负向作用；且空间误差参数结果表明相邻地区粮食生产对本地区会产生溢出效应。仇方道等（2009）以县域为研究单元，运用数理统计和 GIS 空间分析结合的方法，揭示了中华人民共和国成立以来江苏省粮食生产时空格局的分异特征。研究表明，粮食播种面积、农业机械总动力、化肥施用量、有效灌溉面积等因素是影响江苏省粮食生产区域格局变化的主要因素。王雨濛（2011）运用灰色预测模型对湖北省粮食生产影响因素进行了相关分析。研究表明，气候变迁和经济社会结构变化对粮食生产影响巨大。谭智心等（2012）运用生产集中度实证分析了改革开放以来我国粮食生产，研究表明，我国粮食生产的区域集中化程度在波动中呈现出提高的趋势，进一步采用固定效应模型进行实证分析，发现农业科技、地理环境约束、区域差异和人地矛盾等因素是造成我国粮食生产区域布局演变的重要原因。陈秧分等（2013）利用空间面板计量经济模型探讨了中国粮食总产量变化的影响因素。结果表明，中国粮食总产量变化可分为 3 个阶段，主要年份各粮食主导类型包含的省份存在较大差异；土地投入的影响由强转弱，劳动力依次表现为正显著、不显著与负显著，不同类型的资本投入存在迥异的影响效应；粮食总产量同时受到农业结构调整、非农产业发展等宏观背景以及空间随机误差溢出效应的影响。张利国等（2014）利用鄱阳湖生态经济区粮食生产面板数据探讨了粮食生产时空演变的成因。结果表明，粮食单产、复种指数、人均耕地面积和种粮经济效益比对粮食生产时空演变起到正向作用，肉类产量、人均GDP和非农就业机会对粮食生产时空演变起到负向作用。张利国等（2014）以粮食总产量计算模型为基础，从时间和空间两个维度探讨了江西省耕地利用效应对粮食生产时空变化的影响。结果表明，在粮食生产的耕地利用因子中，对粮食生产促进作用最大的是强度效应，其次是规模效应和结构效应，广度效应对粮食生产起到抑制作用。马卫鹏等（2014）采用主成分分析法，对1978—2012年安徽省粮食总产量影响因素进行驱动力分析。研究表明，影响安徽省粮食生产的因素包括经济社会综合系统驱动因子（又分为经济发展驱动因子、农业现代化驱动因子、农业生产驱动因子、农业生产驱动因子、农田水利驱动因子、政策引导驱动因子5类）、社会-自然综合引导驱动因子和自然驱动因子。聂雷等（2015）运用重心模型，借助地理信息系统GIS平台，定量分析了改革开放以来我国粮食及主要作物稻谷、小麦、玉米、大豆等生产重心的演变轨迹，探讨了重心演变规律，凝练了我国粮食生产空间布局的演变特征，以期为进一步优化粮食生产布局、完善土地利用规划、调整经济结构等提供依据。方彦杰等（2015）对甘肃省黄土高原区所辖36个县域的统计数据进行测算，研究了1991—2012年粮食总产量及结构的变化特征，以及单产和种植结构对粮食总产的影响。结果显示，1991年以来甘肃省黄土高原区粮食总产、单产及播种面积整体呈波动增长趋势，粮食总产量增加主要来自于单产的提高，单产提高的主要贡献来自于地膜覆盖技术的应用和玉米、马铃薯播种面积的扩大。田红宇等（2016）的研究表明，我国各省市粮食总产量和播种面积均具有显著的正向空间相关性；区域经济特征、政府财政、资源禀赋等因素对邻近省市粮食生产具有显著的空间溢出效应；各省市粮食生产的空间效应以及其内在因素的空间溢出效应是这一期间粮食区域格局变动的重要原因。

（4）在粮食生产空间格局变化趋势方面

黄爱军（1995）较早观察到我国粮食生产区域变动格局具有“南方地区粮食增长中心逐渐西进”和“全国粮食增长中心逐渐北上”的趋势。鲁奇（1997）探讨了20世纪50年代以来我国粮食生产地域格局的变化趋势和成因。研究表明，70年代以来，我国粮食生产地域重心逐渐由南向北推移。沈翠珍（2004）的研究表明，中华人民共和国成立50多年以来粮食流动格局的演变，经历了计划经济条件下的南粮北调，“双轨”经济条件下的北粮南运，再到开放经济条件下的北粮南运和南进北出并存的格局。高帆（2005）的研究指出，我国粮食生产区域布局出现了从四川、湖北、湖南等中心向东北、西部区域转移的倾向等。殷培红等（2005）利用分县统计数据进行分析，发现90年代后期以来粮食生产重心“北移”的同时出现“西扩”趋势。刘玉杰等（2007）的研究发现，全国主要的粮食调出区已由70年代初的松辽河区、长江区、珠江区和东南诸河区转移、集中到21世纪初的松辽河区和淮河区，传统的“南粮北运”的粮食生产格局已为“北粮南运”所取代。李裕瑞等（2008）综合运用变异系数、地理联系率、区位熵等区域差异分析方法对江苏省1980年以来地级市尺度的粮食生产和经济发展地域格局变化特征进行了联动分析，发现江苏省粮食生产经历了“上升—平稳—下降”的波动过程；地域差异增大，尤其是1995年后，粮食生产与经济发展、人口分布发生明显的空间分异；长江以北地区，特别是苏北地区在全省粮食生产地域分工过程中扮演着越来越重要的角色，日益成为江苏省粮食生产核心区域。刘彦随（2009）分析了中华人民共和国成立以来，我国粮食生产总体上呈现波动上升的趋势，在区域上粮食生产重心出现“北进中移”的态势，粮食产销格局已由“南粮北调”转变为“北粮南调”。叶长盛等（2011）运用ESDA空间相关理论，结合GIS技术，探讨了1980—2009年江西省县域粮食生产的地域格局变化规律及特征，结果发现，研究期内江西省粮食生产向产粮大县、湖区和平原地区集中分布。邓宗兵等（2013）基于31个省、直辖市、自治区粮食和3种主要粮食作物的产量数据，运用描述性统计分析、GIS、空间自相关分析等方法系统刻画了1978—2010年我国粮食生产空间布局的时空特征，结果表明，粮食产区逐渐向东北和中部集中；南方稻谷优势区域继续稳固的同时东北稻谷重要性逐渐凸显；小麦产区逐渐向北方和中部集中；玉米产区逐渐向东北、华北和华中集中。范亚龙（2014）运用标准差指数、变差系数、空间自相关等分析方法对中国粮食生产的区域差异及其空间格局进行了多尺度分析。研究表明，2001—2011年我国粮食生产的区域差异在不同尺度上均呈现出总体扩大的趋势，但是各尺度差异扩大的程度不同，依次为地带、地级、省级。我国粮食生产在省级与地级尺度上均呈现出空间集聚特征，并且尺度越小，空间集聚特征表现得越强。省级与地级尺度空间关联类型均以正相关为主，各空间关联类型在数量分布上差异明显，分布格局上也略有不同。省级与地级尺度热、冷点地区在空间格局上同样存在着局部差异。周立青等（2015）采用空间自相关、聚类分析和多元回归模型等方法探讨了2000年以来黑龙江省粮食生产的时空动态及其主要影响因素，研究表明，黑龙江省粮食生产规模持续扩大，其中黑龙江省粮食生产具有一定的空间相关性，大豆空间集聚最显著，玉米次之，水稻最不明显；粮食生产区域化和专门化态势增强，松嫩平原北部及大小兴安岭地区、松嫩平原东南部和三江平原北部分别形成了以大豆、玉米和水稻为主的粮食生产类型区；农业投入、经济环境、技术水平、市场因素是影响黑龙江省粮食生产及其结构时空变化的主要因素。张利国等（2015）采用鄱阳湖生态经济区25个县（市）2000—2013年的粮食生产数据，测算了区域内粮食生产的空间相关性，并采用面板数据模型实证分析了粮食生产空间格局变迁的驱动因素。研究表明，鄱阳湖生态经济区25个县

（市）粮食总产量呈增加趋势，粮食生产空间分异明显，区域内粮食生产具有空间正相关性；耕地面积、粮食单产、复种指数、水资源丰沛程度、农民种粮积极性等指标是驱动鄱阳湖生态经济区 25 个县（市）粮食生产空间格局变迁的主要因素。刘腾谣等（2016）的研究发现，我国粮食生产区域变化显著，呈现区域结构变化明显，粮食主产区的贡献较大；粮食生产的区域格局形成，生产重心向北转移；主要粮食作物生产集聚在优势的粮食产区等几个方面的特征。进一步的实证研究表明，耕地资源、农业投入、有效灌溉面积和农业政策等是影响粮食区域变化的主要因素。刘彦随等（2016）分析了淮河流域 1990—2012 年粮食总产量时空变化进程，并测算其影响因素，研究结果表明，淮河流域粮食总产量及县域均值持续增长。高产县域集中在流域中游皖北地区，中高产县域逐步向中上游推进，低产县域日趋边缘化；淮河流域粮食总产量重心呈西进南移态势变动，西进速率减缓，南北波动幅度较小，空间格局趋向稳定。金涛等（2016）以江苏省为例，对比分析粮食和粮饲产需平衡格局，发现 2005 年以来，尽管江苏省人均粮食占有量连年增加，但仍处于粮食供不足需的亏缺状态。江苏省口粮盈余量和饲料亏缺量均逐步加大，粮饲结构性偏差不断加重，但由于口粮盈余量始终高于饲料亏缺量，江苏省粮饲总体处于供给大于需求的状态。

（5）在粮食生产空间变化的研究方法方面

有关粮食生产空间变化的研究方法，2000 年之前的学者多限于一般描述性分析和定性说明，之后，随着研究方法的不断改进和技术的进步，一些学者开始使用多种计量分析方法进行分析。党安荣（1998）运用 GIS 数据处理系统方法为分析手段，采用流程图对 1985—1994 年我国粮食总产子系统、单产子系统、耕地面积子系统、粮食播种面积子系统的空间变化特征、空间变化成因和空间变化趋势进行了综合分析。伍山林（2000）运用多元线性回归分析了我国粮食生产区域成因。钟甫宁等（2004）通过“剔除趋势”模型（Detrending Model）预测单产趋势值，并在此基础上定义变异率（ratio of variation，RV）和变异系数（coefficient of variation，CV）研究改革开放以来我国各地区粮食生产情况。薛宇峰（2005）采用 LQ 指数和 ID 指数对我国 1990 年和 2002 年粮食生产区域分化和空间分布进行了统计经济学分析。程叶青（2005）运用区域差异分析方法（主要是集中化指数、绝对差异指数和相对差异指数）对我国粮食生产的区域格局变化特征及其规律进行探讨。高帆（2006）采取地区粮食生产指数，实证考察 1978—2003 年我国内地粮食生产空间格局的变化情况。陆文聪（2008）运用 MI 指数分析了我国粮食作物生产布局变化情况。李裕瑞（2008）综合应用变异系数、地理联系率、区位商等区域差异分析方法对江苏省 1980 年以来地级尺度的粮食生产和经济发展地域格局变化特征进行了联动分析。潘竟虎（2008）运用探索性空间数据分析（ESDA）方法和 GIS 技术，探讨了近年来甘肃省县域尺度人均粮食空间格局变化特征及粮食生产与经济发展的空间匹配格局。王介勇等（2009）通过构建粮食总产量重心模型，定量分析了 1990—2005 年我国粮食生产时空格局演进过程。杨春等（2010）基于空间计量经济模型，首次从县域的视角对 2007 年中国 2 400 多个县份的粮食生产区域格局进行了实证分析。刘玉等（2012）采用重心迁移模型、基尼系数等模型，从国家、省域和县域不同尺度定量分析 1998 年以来我国粮食生产的时空演进特征。邓宗兵等（2013）运用描述性统计分析、GIS、空间自相关分析等方法系统刻画了 1978—2010 年我国粮食生产空间布局的时空特征。赵宏波等（2013）综合运用改进的 TOPSIS 模型、马尔可夫链模型、GIS 空间分析方法和障碍度模型对 1995—2011 年吉林省耕地生态安全时空格局以及障碍因子进行分析。陈苏等（2013）采用 DEA 分析的 Malmquist 指数模型，实证分析了鄱阳湖生态经济区 25 个县（市）粮食全要素生产率（TFP）变化情况。仲俊涛等（2014）运用重心概念及相关公式，采用各县区的人口、GDP 及粮食作物产量数据计算改革开放以来宁夏人口重心、经济重心和粮食重心，并对三者的动态演化、驱动因子及耦合关系进行研究。徐海亚等（2015）利用 1990—2010 年县域粮食总产量数据和粮食生产集中度指标，通过考察不同雨量带、温度带和地貌类型区集中度指数的变化来揭示格局变化的自然地理特点。盖兆雪等（2015）基于 GIS 技术、ESDA 和重心模型，研究了 2000—2012 年县域尺度下东北地区粮食总产量的空间布局时空特征以及重心移动轨迹。李岩岩等（2016）采用切片逆回归（sliced inverse regression，SIR）方法对 1978—2013 年重庆市粮食总产量的影响因素进行了分析和预测。

（6）在粮食全要素生产率分析方面

陈卫平等（2006）运用 Torngvist-Theil 指数法测算了 1985—2003 年我国玉米全要素生产率，发现这一期间我国玉米全要素生产率增长呈现明显波动性特征，粮食生产和流通制度的变革、技术创新以及玉米市场价格可能是玉米全要素生产率波动的主要原因。王利明等（2006）采用 DEA 分析法的 Malmquist 指数对我国不同种类水稻，从生产率增长、技术进步和技术效率方面分析了其时序变动趋势和空间分布特征，论证了我国粮食产业的发展主要是通过提高生产率和科技进步实现的。丁岩等（2008）运用数据包络分析的莫氏指数对辽宁、吉林两省玉米全要素生产率进行分解，比较辽宁、吉林两省玉米生产资源配置效率的时空演变，认为今后粮食发展只能够依靠粮食全要素生产率的提高。杨兴龙等（2008）运用玉米加工业省际面板数据，采用 DEA-Malmquist 生产率指数分析方法，分析我国玉米加工业增长过程中全要素生产率（TFP）的变化情况，并将其分解为技术进步和技术效率，进而分解为技术进步、纯技术效率和规模技术效率，研究表明，技术进步是促进玉米全要素生产率增长的主要原因。赵贵玉等（2009）运用非参数的 HMB 指数方法，利用 1991—2005 年黑龙江省玉米生产投入的面板数据，对玉米生产的全要素生产率进行了实证分析，研究表明，技术进步和混合效率的增长是促进全要素生产率增长的主要原因，规模效率的变化对玉米生产率的增长起了阻碍作用。魏丹等（2010）以 1998—2007 年的省级面板数据为样本，采用基于非参数的 Malmquist 生产率指数来度量我国粮食全要素生产率、技术进步以及技术效率变化，在此基础上进一步研究了政府对农业财政支出、人力资源、自然灾害以及城市化水平、产业结构变动等因素对我国粮食全要素生产率、技术进步以及技术效率三者的影响，研究表明，技术进步会影响粮食全要素生产率的提高。黄金波等（2010）利用 1978—2008 年我国 30 个省市区的面板数据，对改革开放以来我国粮食生产进行了随机前沿分析，在此基础上，对粮食全要素生产率增长进行了分解和趋势分析，研究表明，我国粮食增长主要是由投入要素的增长拉动，全要素生产率对我国粮食总产量的贡献很小，其原因在于技术进步与技术效率变化呈现相反趋势，技术效率提高的速度持续下降，技术进步逐步成为全要素生产率增长的主要动力。刘战伟（2011）采用 DEA 和 Malmquist 指数方法，采用我国欠发达地区 1998—2009 年年度数据，实证分析我国欠发达地区粮食生产效率的变动情况，研究表明，欠发达地区粮食的综合效率不高，全要素生产率未达到有效前沿，技术进步较低，技术效率作用不明显，各地区之间全要素生产率增长的差异较大，并呈现出明显的阶段性变化特征。张海波等（2011）运用参数法中的数据包络分析方法对我国粮食主产省粮食的全要素生产率进行测算，使用 Malmquist 指数方法将全要素生产率进一步分解为规模效率、纯技术效率和技术进步，研究表明，我国粮食主产省粮食全要素生产率的变化不稳定，粮食主产省技术都呈现出进步趋势，但是各自技术效率却存在很大差异，且导致技术效率变化的原因也各自不同。肖红波等（2012）采用数据包络分析法（DEA）并结合 Malmquist 指数，测算了 21 世纪以来我国粮食综合技术效率和全要素生产率的变化，研究表明，全国粮食全要素生产率增长近 10 年来有所下降，在影响全要素生产率的因素中，由技术创新所决定的技术进步呈现下降趋势，由新技术转化推广所决定的纯技术效率不断上升，规模效率则没有得到任何改进。非粮食主产省粮食全要素生产率有所提高，而粮食主产省虽然技术效率稍有改善，但技术进步下降，粮食全要素生产率呈现下降趋势。闵锐（2012）使用粮食主产区湖北省 2004—2010 年的县域面板数据，运用序列 DEA 分析方法对粮食生产进行分品种全要素生产率核算与分解，并讨论了该省粮食增长的主要贡献来源、变化特点与发展趋势。研究表明，湖北省粮食全要素生产率增长主要体现为技术进步单独驱动的模式，技术效率改进的作用相对有限。徐丽君等（2012）采用基于 DEA 的 Malmquist 指数法，对南方双季稻区 6 个省（区）1995—2010 年水稻生产成本收益面板数据进行分析，得到水稻生产全要素生产率及技术进步率、技术效率的时序变动趋势及特征，并通过对技术效率的分解，得到规模效率与纯技术效率的时序特征。研究表明，不同阶段水稻生产全要素生产率受不同因素的影响，近期技术进步率下降是全要素生产率下降的主要因素，并指出提高技术适应性，加强管理和制度创新，提高水稻生产技术进步率，缩小省（区）间差异是提高南方双季稻区水稻生产效率的关键。陈书章等（2012）采用两种角度的 DEA 模型，对我国小麦主产区的综合技术效率进行了分析，研究表明，我国小麦主产区综合技术效率明显改善，规模效率一直稳定保持在高水平状态，纯技术效率增长趋势明显，是综合技术效率提高的决定因素。杨锦英等（2013）采用 DEA-Malmquist 模型，利用面板数据来计算我国粮食全要素生产率变化，并对其要素进行分解，结果表明，我国粮食生产要素投入冗余（即要素投入的粗放性）问题突出。因此，我国粮食生产领域的关键问题在于加快技术进步，提高要素投入效率，达到粮食生产 DEA 相对有效，实现粮食总产量的可持续增长。薛龙等（2013）采用非参数的 DEA 方法对河南省 2000—2011 年粮食生产的平均综合技术效率、纯技术效率、规模效率以及全要素生产率的构成和变化进行分析。研究表明，河南省粮食生产综合技术效率的增长主要与纯技术效率的提高有关，而规模效率的低下则是制约其提高的原因。玉米生产受到诸多投入要素的限制与影响，如种子、秧苗、劳动力、土地、农药、化肥、农膜、机械设备、畜力和其他物质投入等，提高这些要素的投入-产出效率水平对于促进玉米高效持续增产至关重要。曲会朋等（2014）在对中美两国玉米生产成本与单产时序比较的基础上，利用基于 DEA 的非参数前沿面效率分解方法对我国主要地区的玉米全要素生产效率问题进行了实证分析，从纵向时间序列和横向不同区域两个视角研究了我国玉米生产效率和生产资源配置的演化过程及区域对比特征。效赛丽等（2015）利用 2003—2013 年河南省 18 个地市粮食投入产出数据，用随机前沿生产函数模型（stochastic frontier analysis，SFA）研究河南省粮食生产的全要素生产率及其变动特征，揭示 2003 年以来河南省粮食增长的变动轨迹及源泉。结果表明，河南省粮食全要素生产率的增长表现为技术进步驱动型增长模式，技术进步成为全要素增长的源泉，技术效率则成为全要素增长的潜在动力，粮食生产过程中资本要素替代了劳动力要素。在此基础上，提出河南省需要在合理配置要素投入、加速技术推广与扩散提高技术效率的同时加速农业技术创新，促进技术进步。杨皓天等（2015）对内蒙古农村牧区的 1 312 户农牧户调研数据进行处理，以内蒙古 10 个地区作为决策单元，分别运用 DEA 的 CRS 模型和 VRS 模型，从综合效率、纯技术效率、规模效率三个角度对内蒙古农村牧区的粮食生产效率进行了测算。结果表明，兴安盟、通辽、锡林郭勒盟、鄂尔多斯和巴彦淖尔这五个地区的粮食生产综合效率均处于有效状态，呼伦贝尔、赤峰和乌兰察布的粮食生产纯技术效率均有效，但规模效率无效，而呼和浩特和包头这两个地区的粮食生产纯技术效率和规模效率均无效。江松颖等（2016）运用DEA-Malmquist指数方法测算了2001—2013年我国水稻、小麦和玉米全要素生产率，分析了谷物全要素生产率的动态演变特点，并比较了小麦和玉米的区域差异。范丽霞等（2016）采用1978—2012年国内省域面板数据，结合非径向、非角度的SBM方向性距离函数模型，借鉴Global Malmquist生产率指数的构造思路，提出一种新的测度模型SBM-Global Malmquist生产率指数，对我国粮食全要素生产率进行核算与分解。研究表明，与Global Malmquist生产率指数相比，传统的Malmquist指数容易导致“技术倒退”，致使粮食全要素生产率的估算“被动”提高；我国粮食全要素生产率的空间非均衡性明显，西部地区粮食全要素生产率增长水平最高，东部地区稍低一点，中部地区最低；我国粮食全要素生产率整体呈上升趋势，且表现出“U”型波动变化特征；我国粮食全要素生产率增长的源泉主要是前沿技术进步，技术效率改善对粮食TFP增长的推动作用不明显。

（7）在资源约束下粮食环境技术效率分析方面

闵锐等（2012）利用1978—2010年国内省域面板数据，在使用单元调查评估法计算各省份DMU粮食生产污染排放量的基础上，利用方向性距离函数和序列DEA技术测度了我国粮食生产是否考虑环境因素两种情形下的全要素生产率指数，并进一步分解为技术效率变化和技术进步。研究表明，是否考虑环境污染成本对于测算结果有较大影响；两种情形下全要素生产率增长贡献有限，主要靠技术进步单独贡献，并同时存在技术进步与效率损失并存的现象，粮食增长成本与代价相对高昂；从经济增长、资源与环境的协调程度来看，国内东、中、西部地区差异明显，东部地区表现最优，西部地区的粮食生产扮演了“双重恶化”与失衡的角色。李谷成等（2012）在可持续发展目标视角下，以湖北省为例，对粮食主产省份粮食生产技术效率展开了分析，并探讨了粮食生产决策单元对现行粮食生产技术与生产要素的利用程度，从中发现技术效率的各种影响因素。闵锐等（2013）使用单元调查法对全国分省粮食生产污染排放量进行测算，并将其作为“非合意产出”，同时利用全国粮食传统生产投入产出省域面板数据，应用超效率DEA和方向性环境距离函数实证分析1978—2010年湖北省粮食生产技术效率，综合考察了湖北省粮食经济增长与资源、环境的协调性程度。李谷成等（2013）采用超效率DEA及方向性距离函数理论方法，对1978年以来国内28个省、直辖市、自治区包括非合意产出在内的粮食投入产出平衡面板数据进行处理，以分析国内粮食生产与资源环境协调性空间分异特征，实证分析发现，环境污染因素的引入对我国整体及各省区粮食生产技术效率产生了一定影响，但这种影响较为稳定；区域间粮食生产发展与资源环境协调性极不平衡，存在典型的空间地域特征；

从粮食生产发展与资源环境的协调程度角度而言，粮食主产省份与部分东部省份表现较为突出；我国粮食生产普遍存在环境污染导致效率损失的现象，转变粮食生产发展方式刻不容缓。汪慧玲等（2014）考虑资源环境的约束，利用方向性距离函数对我国 30 个省市区的粮食全要素生产率做出了测算。研究发现，1997—2010 年，我国粮食总产量快速增长得益于生产技术和效率的进步，但也造成了资源浪费和生态环境破坏。进一步对各个省市区的粮食全要素生产率进行分解，发现粮食总产量占比高的省份粮食生产率呈现出不断进步的状态，粮食总产量占比中等的省份却相反，粮食总产量占比低的省份粮食全要素生产率进步或退步取决于经济发展水平。闵锐等（2014）采用 1978—2010 年省际粮食生产及其污染排放面板数据，利用环境污染因素的方向性距离函数模型和序列 DEA 方法，将湖北省粮食绿色全要素生产率增长分解为技术进步与技术效率变化。与未包含环境因素的传统粮食全要素生产率指标比较分析显示，湖北省粮食生产的全要素生产率增长率有所提高；湖北省粮食生产中“两型农业”理念运行绩效表现良好，但未体现其粮食生产优势地位；湖北省粮食全要素生产率增长表现为显著“技术推进”单驱动型，提升粮食增产潜力的有效途径在于技术进步与效率改善同步提升。李静等（2015）利用 Meta-frontier 和 SBM-Undesirable 模型对 1999—2013 年省际面板数据进行测算，研究资源与环境约束下的粮食生产用水效率，进一步运用随机效应的 Tobit 模型对粮食生产用水效率的影响因素进行分析。结果表明，受制于不同地区粮食生产的技术“鸿沟”，我国东、中、西部地区以及粮食主产区与非主产区粮食生产用水效率存在较大差异；农业机械化程度、技术因素、人均粮食总产量以及农民人均纯收入对粮食生产有显著影响；灌溉费的影响不显著，机械化程度逆向显著，说明节水灌溉设备并没有得到广泛使用，灌溉费及农业水价的制定不合理，没有起到促进粮食生产用水效率提高的作用。赵丽平等（2016）以 1994—2012 年我国 29 个省（直辖市、自治区）为研究对象，利用方向距离函数将环境因素纳入粮食生产技术效率测算框架，对我国粮食生产环境技术效率值进行了测算，并对不同阶段各粮食生产功能区粮食生产环境技术效率的演变特征进行了分析，在此基础上将城镇化细分并设置了人口城镇化指标、土地城镇化指标、产业发展城镇化指标和生态环境压力城镇化指标，利用所构建面板数据模型探讨了城镇化对粮食生产环境技术效率的影响。研究表明，我国粮食主产区和主销区的粮食生产与环境的协调度要优于粮食平衡区，但是粮食主产区和主销区的粮食生产环境在逐步恶化，粮食平衡区则在逐步好转；人口城镇化有利于粮食主销区和平衡区粮食生产环境技术效率提升，对粮食主产区则相反。土地城镇化、产业发展城镇化和生态环境压力城镇化不利于全国及各粮食生产功能区粮食生产环境技术效率的提升；城镇化对粮食生产环境技术效率的影响存在功能区差异性。

1.2.2 国外研究现状

国外有关粮食生产变化驱动效应及空间分异的成果较少，相关研究主要集中在粮食安全的影响因素、农业生产布局的影响因素及空间计量经济学、全要素生产率在农业领域中的应用等方面。

（1）在粮食安全的影响因素方面

Johnson（1995）的研究表明，在农业劳动力迁移政策得当的情况下，对粮食总产量并不造成影响。David Pimentel 等（1997）的研究指出，环境保护有助于土地、水、生物资源的可持续利用，从而有利于粮食安全水平提升。Peng（2002）的研究表明，经济增长、人口、经济结构、比较优势、技术、国内外粮食市场以及环境可持续性是影响粮食安全的主要因素。Hendrik J.Bruins（2006）、Carlo del Ninno 等（2007）的研究认为，粮食生产的波动是导致粮食不安全的最主要原因。Bamire，A.S.（2010）基于对尼日利亚北部草原区 180 户农户问卷调查，分析土地产权对当地粮食安全的影响。结果表明，通过适当的管理和有效的推广服务可以实现土地集约化，有效保障粮食安全。Rahim，S.（2011）基于微观层面对伊朗西北地区某城市 2 500 户居民进行调查。研究发现，居民距离市场的远近、家庭结构、社会经济状况等都是影响居民家庭粮食不安全的因素。

（2）在农业生产布局的影响因素方面

Bin Zhang 和 C. Carter（1997）利用 1980—1990 年 22 个省 249 个县的数据，研究中国粮食生产中经济改革的影响，发现经济改革的影响能够解释 38%的生产增长。Harry X. WU（1997）利用调查的农户数据，将人力资本因素引入生产函数中，考察农村劳动力转移对中国粮食生产布局的直接影响。结果表明，在一定程度上，劳动力转移并没有对粮食生产布局产生影响。David 和 Elliott（1998）通过对粮食生产效率的分析，认为粮食生产与相关粮食作物价格、自然条件（如洪水和干旱）及接近沿海区省份布局有相关关系。Peter H.Vetburg（2000）利用不同方法测算农业区域变化、多季节作物、要素投入技术效率和技术变化等因素对农业生产布局的影响。Welsh（2003）认为农业生产布局除了受区域经济的直接影响，还受上游和下游部门的影响。Daniel 和 Kill Kenney（2002）的研究发现，一般农业政策（CAP）的变化，包括增加农业津贴和转移支付（所谓的第二支柱）会对农业生产的地理布局产生影响。

（3）在空间计量经济学在农业领域中的应用方面

Nelson（2002）运用新空间经济理论分析农业经济的特殊问题，分析了杜能性质的农产品价格的土地使用和土地租金。Nelson 和 Geoghegan（2002）运用统计方法和聚类分析计量模型分析了土地利用变化。Peter（2002）运用 CLUE（Conversion of Land Use and its Effects）模型对中国农业生产尤其是种植区域的变化进行分析。Muller 和 Zeller（2002）的调查发现，地理信息、农业、社会经济发展程度取决于土地利用变化过程中的农业发展政策。Plantinga 等（2002）基于土地使用模型、城市空间模型和空间误差模型分析了潜在土地发展对农业土地的价格的影响。Florax 等（2003）运用 GIS 技术及空间计量模型分析了西南尼日尔地区不同土壤变异在精准农业的应用。Anselin 等（2004）运用新空间经济方法结合作物产量数据，估计固定观察点作物生产反应的前景。Munroe 等（2004）运用新空间经济模型分析土地利用的变化。Cho 和 Newman（2005）运用 GIS 技术和空间计量经济模型分析了农村土地发展模式和密集程度。Bell 和 Dalton（2007）运用新空间经济分析微观经济主体消费和生产行为，建立和发展了空间数据与空间微观模型经济方法在农业经济应用。Holloway、Lacombe 和 LeSag（2007）的研究表明，新贝叶斯空间模型对生物经济和土地使用模型具有积极作用。De Pinto 和 Nelson（2008）回顾了空间计量经济分析模型在土地利用变化中的应用。Ulimwengu 和 Sanyal（2011）使用面板数据的空间 Durbin 模型，利用撒哈拉以南非洲地区 48 个国家 1961—2006 年的数据，采用的变量为农业产出、化肥、牲畜、拖拉机、劳动力和土地质量，实证结果显示，正的显著农业生产溢出效应存在，每个国家平均可以因溢出获得 2.5%的增长。

（4）在全要素生产率在农业领域的应用方面

McARillan（1989）、Wen（1993）等较早地对中国农业技术进步率进行了测算。Kalirajan 等（1996）认为改革开放乃至 20 世纪 80 年代中后期的中国农业全要素生产率中，农业效率变化改善的贡献度要大于农业技术进步。Lambert 和 Parker（1998）的研究表明，中国农业全要素生产率增长最为显著的阶段是农村改革之初和市场化经济改革加速以后，但在不同年份、不同地区间全要素生产率增长存在差异。而 Fan（1991）、Lin（1992）在上述研究基础上，进一步对其制度影响因素进行了分析。Kislve 和 Peterson（1982）根据 Sato（1967）的思想，利用可分离柯布-道格拉斯生产函数（Separated Cobb-Douglas Function，简称 SCD 函数），给出了区分生物化学技术（BC）和机械技术（M）的生产函数理论框架。Mundlak（2005）和 Ito（2010）分别利用 SCD 函数对美国和中国农业的生物化学技术（BC）和机械技术（M）进步率变动特征及其影响因素进行了实证研究。随着研究的进一步细化，一部分研究者主要关注“农业技术的功能性特征”，另一部分研究者更为关注“农业技术促进产出的途径”。Yao 等（2001）基于中国 30 个省份的农业面板数据，采用随机前沿生产函数分析了中国粮食生产的技术效率。Coelli 等（2003）的研究表明，1980—2000 年中国农业全要素生产率年均增长达到 6%，其中 4.5%得益于技术效率的提高，1.5%来自技术创新。Brummer 等（2006）使用浙江省 1986—2000 年农户数据，分时期研究了全要素生产率增长及其来源，发现农业全要素生产率在不同阶段的增长率不同，其中技术进步的作用不断下降，技术效率在不同时期有不同的表现。Junichi ITO（2010）利用 SCD 生产函数研究了中国农业生产率的区域性差异，提出目前中国主要以生物化学技术（BC）进步为主，机械技术（M）进步为辅，其中沿海省份的生物化学技术（BC）水平高于内陆省份，在人均耕地面积较大的省份机械技术（M）水平较高，研究还得出生物化学技术（BC）和机械技术（M）水平存在负相关的关系。

1.2.3 国内外研究发展动态分析

国内外已有成果对粮食总产量、单位面积粮食总产量、粮食生产变化驱动因素、粮食生产空间格局变化趋势及粮食生产空间变化研究方法、粮食安全影响因素、农业生产布局影响因素及空间计量经济学、农业全要素生产率、粮食环境技术效率在农业领域的应用等方面进行了有益探索，为本研究深入分析鄱阳湖生态经济区粮食生产变化与区位优化提供了重要的参考借鉴。但仔细分析现有文献，可以发现已有研究还存在以下两点值得进一步深入和拓展的地方：

（1）从研究方法来看。现有研究运用多元线性回归模型、空间计量经济模型、马尔可夫链模型等计量分析方法对粮食生产变化进行分析，得出有关粮食生产变化的影响因素。这些模型都有各自的优点和特点，但它们不能进行多个因素的完全分解，且分解后会得到比较大的残差值，从而使现有的研究结论缺乏应有的完整性和科学的解释力。

（2）从研究视角来看。现有研究大都从国家、省域宏观空间尺度对粮食生产时空变化、全要素生产率、技术效率进行分析，并探讨粮食生产时空变化的影响因素，研究视角比较大。深入剖析粮食生产时空变化、全要素生产率、技术效率的特征、规律和驱动效应，不仅要从国家、省域视角进行研究，还应该从中观甚至微观空间尺度研究粮食生产时空变化、全要素生产率、技术效率的特征、规律和驱动效应。

本研究将在充分借鉴国内外已有研究成果的基础上，首先从时间和空间两个维度总结鄱阳湖生态经济区粮食生产变化的特征和内在规律。其次，利用 DEA-Malmquist 指数对鄱阳湖生态经济区粮食全要素生产率进行测算。接着，运用 MAXDEA 软件对鄱阳湖生态经济区粮食生产环境技术效率进行测算，并探讨其环境协调性及其影响因素。再次，利用扩展的 Kaya 恒等式建立 LMDI 模型，利用 LMDI 模型对鄱阳湖生态经济区粮食生产变化的驱动效应进行测度，揭示鄱阳湖生态经济区粮食生产变化驱动效应的空间分异状况。最后，构建驱动效应优势指数，探讨鄱阳湖生态经济区粮食生产区位优化方向。

1.3 研究目标与内容

1.3.1 研究目标

本研究深入探讨了鄱阳湖生态经济区粮食生产时空变化情况，并探讨了鄱阳湖生态经济区粮食全要素生产率、技术效率、环境协调性及其影响因素、驱动效应及区位优化问题，最终目标是要找出鄱阳湖生态经济区粮食生产时空演变的特征和规律，为下一步出台粮食生产差异化激励政策提供依据，为提高区域粮食安全提供理论支持和实践指导。具体目标如下：

（1）揭示鄱阳湖生态经济区粮食生产时空变化的特征和规律。

（2）摸清鄱阳湖生态经济区粮食全要素生产率时空变化特征和规律。

（3）测算鄱阳湖生态经济区粮食环境技术效率，并探究其环境协调性和驱动机制。

（4）探索鄱阳湖生态经济区粮食生产变化的驱动效应。

（5）测算鄱阳湖生态经济区粮食驱动效应优势指数，并提出粮食生产区位优化的方向。

1.3.2 研究内容

根据研究目标，本研究共分 8 章，具体如下：

第 1 章，绪论。本章介绍研究背景与意义，对国内外相关文献进行综述，明确研究目标与内容，阐述研究的技术路线与拟采用的研究方法，说明数据资料及其来源，总结本研究的创新与不足之处。

第 2 章，概念界定与理论基础。本章从多方面解析了粮食及与粮食相关的概念，并对本研究涉及的区位理论、比较优势理论、全要素生产率理论、新空间经济学理论、可持续发展理论和空间均衡理论等相关理论做了系统回顾。

第 3 章，鄱阳湖生态经济区粮食生产时空变化分析。本章介绍了鄱阳湖生态经济区的基本概况，并从时间和空间两个维度，分析了鄱阳湖生态经济区粮食总产量、粮食播种面积、粮食单产的演变情况。

第 4 章，鄱阳湖生态经济区粮食全要素生产率分析。本章从时间和空间两个维度分析了鄱阳湖生态经济区粮食全要素生产率的演变情况，分析了鄱阳湖生态经济区粮食全要素生产率的空间差异，并对鄱阳湖生态经济区粮食全要素生产率进行了空间探索性分析。

第 5 章，鄱阳湖生态经济区粮食生产技术效率及驱动因素分析。本章首先分别测算了不考虑非合意产出条件下的粮食生产传统技术效率和考虑非合意产出条件下的粮食生产环境技术效率，并对两种技术效率进行对比分析；其次，对鄱阳湖生态经济区粮食生产的环境技术效率进行分类，并深入探讨其环境协调性；最后对粮食生产环境技术效率变化的驱动机制进行实证分析。

第 6 章，鄱阳湖生态经济区粮食生产驱动效应分析。本章结合鄱阳湖生态经济区粮食生产时空演变情况，基于扩展的 Kaya 恒等式进行因素分解，并利用 LMDI 模型对鄱阳湖生态经济区粮食生产变化的驱动效应进行测度。

第 7 章，鄱阳湖生态经济区粮食生产区位优化分析。本章在粮食生产格局变化驱动效应分析的基础上，采用驱动效应优势指数对鄱阳湖生态经济区粮食生产的区位如何进一步优化进行探讨。

第 8 章，结论与政策建议。本章对全书进行系统总结，并从保障粮食生产稳定、粮食总产量提高、粮食质量提升等方面提出政策建议。

1.4 技术路线与方法

1.4.1 技术路线

基于上述研究目标和内容，本研究的思路以及技术路线如图 1-1 所示。

鄱阳湖生态经济区粮食生产变化与区位优化研究
文献回归
理论基础
数据来源
统计分析
集中度
分析方法
鄱阳湖生态经济区粮食生产时空变化分析
分析维度
时间维度
空间维度
统计分析
DEA 方法
分析方法
鄱阳湖生态经济区粮食全要素生产率分析
分析维度
时间维度
空间维度
方向距离函数
等标排放量公式
分析方法
鄱阳湖生态经济区粮食生产环境技术效率及驱动因素分析
分析角度
考虑环境污染
不考虑环境污染
Kaya 恒等式
LMDI 分解
分析方法
鄱阳湖生态经济区粮食生产驱动因素效应分析
驱动因子
规模效应
广度效应
结构效应
强度效应
统计分析
比较优势指数
分析方法
鄱阳湖生态经济区粮食生产空间优化分析
驱动因子
规模效应
广度效应
结构效应
强度效应
结论与政策启示

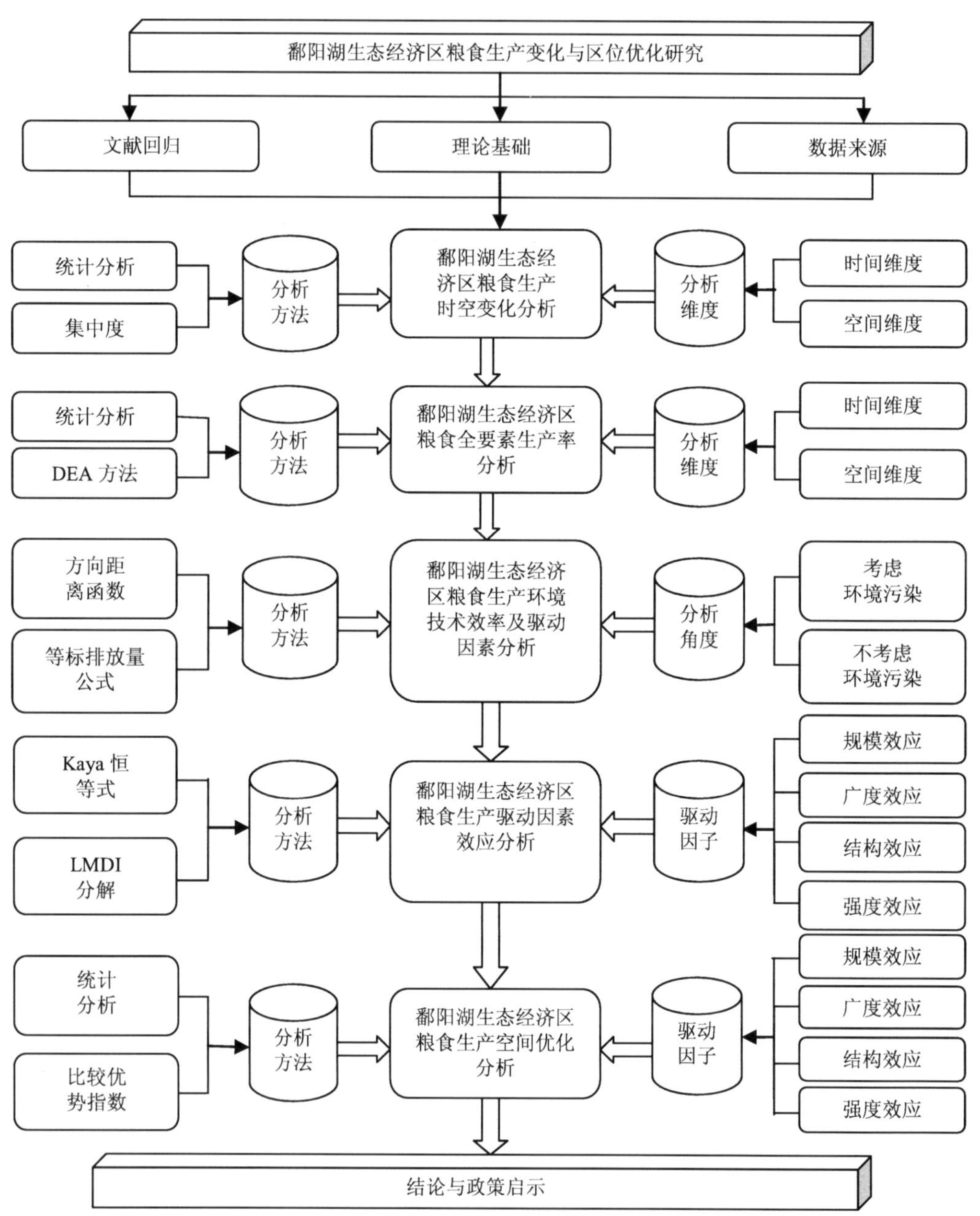

图 1-1　技术路线图

1.4.2 研究方法

本研究以经济学理论为基础，根据本书的总体框架设计，主要采用文献分析法、定量分析法、比较分析法、GIS 空间分析法、静态分析法、动态分析法以及归纳演绎法等方法相结合对研究内容进行分析，具体方法如下：

（1）文献分析法。文献分析法（literature analysis method）主要指搜集、鉴别、整理文献，并通过对文献的研究，形成对事实科学认识的方法。文献分析法是一项经济且有效的信息收集方法，它通过对与工作相关的现有文献进行系统性的分析来获取工作信息，可以为本研究提供坚实的理论基础、广阔的思路和新颖的方法。主要检索和阅读大量国内外粮食生产及其空间格局演变的文献，在此基础上构建了本研究的理论模型。

（2）定量分析法。定量分析法（quantitative analysis method）是对社会现象的数量特征、数量关系与数量变化进行分析的方法。综合采用描述性统计、生产集中度和粮食-人口地理联系率、区位熵等方法对鄱阳湖生态经济区粮食生产时空演变进行了分析。并通过构建计量经济模型对鄱阳湖生态经济区粮食生产变化的驱动效应进行测度。

（3）比较分析法。比较分析法（comparative analysis method）通常是把两个相互联系的指标数据进行比较，从数量上展示和说明研究对象规模的大小，水平的高低，速度的快慢，以及各种关系是否协调。将鄱阳湖生态经济区各县（市）全要素生产率进行横向对比，并置于时间维度进行纵向的历史对比；将鄱阳湖生态经济区粮食总产量、粮食播种面积、粮食单产分别进行时空对比分析；将不考虑非合意产出条件下的粮食生产传统技术效率和考虑非合意产出条件下的粮食生产环境技术效率进行对比分析，真实地反映鄱阳湖生态经济区粮食生产状况，准确把握鄱阳湖生态经济区粮食生产前景以及提升空间。

（4）GIS 空间分析法。GIS 空间分析法（GIS spatial analysis method）指的是在 GIS（地理信息系统）里实现分析空间数据，即从空间数据中获取有关地理对象的空间位置、分布、形态、形成和演变等信息并进行分析。GIS 空间分析很强的空间信息分析功能是其区别于计算机地图制图系统的显著特征之一。利用空间信息分析技术，通过对原始数据模型的观察和实验，可以获得新的经验和知识，并以此作为空间行为的决策依据。本研究运用 GIS 空间分析方法对鄱阳湖生态经济区粮食生产总量、全要素生产率、技术效率等空间演变情况进行了综合分析。

（5）静态分析与动态分析相结合的方法。静态分析法（static analysis method）就是分析经济现象的均衡状态以及有关的经济变量达到均衡状态所具备的条件，它完全抽象掉了时间因素和具体的变化过程，是一种静止地、孤立地考察某种经济事物的方法。动态分析法（dynamic analysis method）是对经济变动的实际过程所进行的分析，其中包括分析有关变量在一定时间过程中的变动，这些经济变量在变动过程中的相互影响和彼此制约的关系，以及它们在每一个时点上变动的速率等。动态分析法的一个重要特点是考虑时间因素的影响，并把经济现象的变化当作一个连续的过程来看待。静态的生产效率概念主要反映了不同时点上的生产率水平，而动态的生产效率概念重点主要在于增量概念，即以某一时点为参照的另一时点生产效率水平变化情况。本研究主要从静态技术效率分析和动态全要素生产率增长及其分解形式这两个角度对粮食生产效率进行全方位探讨。

（6）归纳演绎法。归纳演绎法（induction and deduction analysis method）是逻辑学的研究方法。归纳法指的是由许多个别事例，从中获得一个较具概括性的规则。这种方法主要是从收集到的既有资料，加以抽丝剥茧地分析，最后得以做出一个概括性的结论。而演绎法则和归纳法相反，是从既有的结果，推论出个别特殊情形的一种方式。由较大的范围逐步缩小到所需的特定范围。即归纳法是由认识个别到认识一般，演绎法是由认识一般进而认识个别。在以上大量实证分析基础上，结合国内外相关研究，对本研究结果进行归纳整合和推理演绎，提出优化鄱阳湖生态经济区粮食生产布局，提升粮食综合生产能力，保障粮食安全的政策启示。

1.5 数据资料与来源

本研究涉及的数据包括江西省和鄱阳湖生态经济区粮食生产的相关数据，主要来源于《鄱阳湖生态经济区统计年鉴》《江西统计年鉴》《南昌统计年鉴》《九江统计年鉴》《景德镇统计年鉴》《上饶统计年鉴》《鹰潭统计年鉴》《抚州统计年鉴》《吉安统计年鉴》《新余统计年鉴》《宜春统计年鉴》，部分数据基于年鉴数据计算获得以及相关统计公报等。采用的空间数据来源于国家基础地理信息数据中心提供的 1∶150 万矢量数据。

1.6 可能的创新与不足

1.6.1 创新之处

（1）研究方法新颖。现有研究运用多元线性回归模型、马尔可夫链模型、空间计量经济模型等对粮食生产空间变化进行了分析，得出了有关粮食生产空间变化的影响因素。这些模型都有各自的优点和特点，但是它们不能进行多个因素分解，且分解过程中的残差值和“0”值问题对结果存在较大影响，从而使现有的研究结论缺乏应有完整性和科学解释力。基于此，本研究将运用 LMDI 模型测度粮食生产变化的驱动效应，该方法不仅可以进行多个因素的分解，而且也能解决上述分解过程中的两项不足。此外，目前，国内外学者将 LMDI 方法主要应用在能源领域，关于粮食领域较少有研究涉及，因此，研究方法较新。此外，在本研究引入环境污染变量，考虑环境因素对鄱阳湖生态经济区粮食生产技术效率的影响，这不仅在实证方法上存在一定创新，而且可以综合考察鄱阳湖生态经济区粮食生产与资源节约、环境友好的统筹兼顾状况，更符合可持续发展的要求。同时，本研究也可以为“两型社会”“两型农业”等方面的研究提供一个替代性分析框架。

（2）研究尺度的延展。目前，有关粮食生产变化的研究基本集中在国家和省域层面上，针对中观和微观空间尺度粮食生产变化的研究较少，对中观和微观空间尺度粮食生产的指导意义不大。实际上，中观和微观空间尺度的粮食生产格局研究可以更加深入揭示其变化规律及驱动机制。因此，本研究以鄱阳湖生态经济区为例，从区域中观尺度和县域微观尺度对粮食生产变化的驱动效应进行专门研究，不仅能明确中观和微观空间尺度粮食生产变化的特征和规律，更有助于准确把握其粮食生产变化的驱动效应。

（3）研究视角的拓展。本研究从历史和空间相结合的维度，对鄱阳湖生态经济区粮食全要素生产率进行静态与动态、时间与空间等不同角度全方位的实证分析。静态角度主要侧重于粮食生产技术效率核算，动态角度主要侧重于粮食全要素生产率增长与分解。历史角度主要侧重于鄱阳湖生态经济区粮食全要素生产率的纵向历史发展变迁和动态变化。空间角度主要侧重于区内县域层面全面实证分析与比较。

1.6.2 不足之处

由于时间、能力和统计资料获得渠道的限制，分析的时间序列相对比较短，且只对鄱阳湖生态经济区粮食整体进行了分析，而对水稻、玉米、小麦、大豆等其他粮食作物品种没有进一步展开研究。同时，对鄱阳湖生态经济区粮食生产变化的空间格局变化情况探讨不多。今后，需要在广泛收集数据资料的基础上，对研究的时间段进一步扩展，同时，针对不同粮食品种进行细化探讨，并加强对粮食生产变化空间格局演变的探讨，使得内容更加充实和完善，所得结论更加科学合理。

第2章 概念界定与理论基础

2.1 相关概念界定

国内外关于粮食的概念，并没有统一的定义。因此，在探讨粮食生产变化之前，有必要对粮食概念进行界定，同时关于本研究所要研究的全要素生产率、环境技术效率等也有必要对其概念、特征、内涵等进行界定。

2.1.1 我国传统粮食概念

按照传统概念，粮食有广义和狭义之分。狭义的粮食是指谷物类，包括稻谷、小麦、玉米、大麦、高粱、燕麦、黑麦等，习惯上还包括蓼科作物中的荞麦。广义的粮食是指谷物、豆类、薯类的集合，包括农业生产的各种粮食作物，这与国家统计局每年公布的粮食总产量概念基本一致。豆类，主要包括大豆、绿豆等。特别要指出的是大豆，我国将其归类为粮食，联合国粮食及农业组织将其归类为油料。薯类主要包括甘薯、马铃薯等。国家统计局从1953年起采用了广义的粮食概念，且与公布的粮食总产量概念基本一致。

2.1.2 粮食部门粮食概念

粮食部门的粮食概念，是指其经营管理的谷物、豆类、薯类商品品种，一般按贸易粮食口径统计。为了能在不同地区之间进行比较，粮食部门对粮食商品品种统一进行分类，规定排列顺序。1950年，粮食包括七大品种，即小麦、大米、大豆、小米、玉米、高粱、杂粮。1952 年，粮食减为四大品种，即小麦、大米、大豆、杂粮。中华人民共和国成立初期，我国人均谷物产量很低，为确保人人有饭吃的低标准的粮食安全，把能够有助于实现温饱水平的豆类、薯类也纳入谷物产量之中。因此，从 1953 年起，国家修改农业统计口径，每年公布的粮食总产量均采用广义的粮食概念。1953 年，粮食增为五大品种，即小麦、大米、大豆、杂粮、薯类。1994 年，又把杂粮改为玉米等，粮食为新五大品种，即小麦、大米、大豆、玉米、薯类。1994 年，粮食的五大品种又改为：小麦、大米、玉米、大豆、其他。此后，一直沿用至今。

在粮食商品品种中，粮食部门根据其领域和作用对象的不同，分成四类：①原粮，指收割、打场和脱粒后，没有加工和不需要加工就能食用的粮食。②成品粮，指经过加工后的产品，如面粉、大米、小米、玉米面等。③混合粮，指原粮和成品粮的统称，基层粮食部门为便于观察业务活动，一般使用这个概念。④贸易粮，指粮食部门在计算收购、销售、调拨、库存量时使用的品类的统称，包括小麦、大米、大豆、玉米、薯类五个品类，在计算时将原粮或成品粮折算成相应粮种的贸易粮。

2.1.3 联合国粮农组织概念

联合国粮食及农业组织（Food and Agriculture Organization of the United Nations，FAO）给出的粮食概念是指谷物，主要包括小麦、粗粮、稻谷，其中，粗粮包括玉米、大麦、高粱等。此外，在国际统计中，通常将食物（Food）也译成粮食，FAO 所出版的年鉴中，将食物目录列出 8 大类 106 种，这 8 大类指：谷物类，块根和块茎作物类，豆类，油籽、油果和油仁作物，蔬菜和瓜类，糖料作物，水果、浆果，家畜、家禽、畜产品。

在上述粮食概念中，中国传统的界定、粮食部门的界定和粮农组织的界定，尽管在统计口径上有差异，但都认为谷物（水稻、小麦、玉米）、大豆和薯类是粮食的组成成分。中国狭义的粮食概念与 FAO 粮食概念基本一致，中国广义粮食概念与粮食部门粮食概念也基本一致。然而，国际统计中经常使用的“食物”替代“粮食”，其外延要比中国广义粮食概念大。因此，这些概念的关系可以表示为：FAO 的食物概念＞中国广义的粮食概念=粮食部门粮食概念＞中国狭义的粮食概念=FAO 的粮食概念。本研究涉及的粮食概念，采用广义的概念，即谷物类、豆类和薯类。

2.1.4 全要素生产率概念

（1）生产率

生产率是指每单位劳动生产的产品或服务的速率，或指投入和产出的比率，可用公式表述为：生产率=产出/投入。影响生产率提高的因素很多，也很复杂。既有人的因素，也有物的因素；既有宏观的因素，也有微观的因素；既有客观的因素，也有主观的因素；既有历史的因素，也有现实的因素；既有管理的因素，也有政策的因素；还有教育、科技和文化的因素。这些因素中，有的是生产系统本身的构成因素，有的则是生产系统外部的环境因素，在提高生产率的过程中，它们相互影响、相互制约，共同发挥作用。从生产率测评的角度看，既有一个国家或部门的生产率水平测评，也有微观组织（如企业）的生产率测评，不同经济规模组织的生产率的影响因素亦不相同，表现出一定的层次性。

生产率在当代经济学中是一个很重要的概念。著名管理学家德鲁克（Peter F. Drucker）指出："生产率是一切经济价值的源泉。"所以，它成为一切社会经济组织、一个企业、一种行业、一个地区乃至一个国家最为关心和追求的指标之一。从一个国家或地区的宏观经济增长角度考察，生产率和资本、劳动等生产要素都贡献于经济的增长；从效率角度考察，生产率等同于一定时间内国民经济总产出与各种资源要素总量投入的比值，它反映资源配置状况、生产手段的技术水平、劳动力的素质、生产对象的变化、生产组织的管理水平、劳动者对生产经营活动的积极性以及经济制度与各种社会因素对生产活动的影响程度。从本质上讲，生产率反映的是一个国家（地区）为了摆脱贫困和发展经济，在一定时期里表现出来的能力或努力的程度，是技术进步对经济发展作用的综合反映。从广义上讲，一个国家生产率（即国家总产出与总投入之比）的高低涉及整个社会经济生活，取决于生产力水平（包括科学技术、人力资源、物质和经济基础）、各产业的比例和配合等，是综合国力和经济发达程度的重要标志，它决定着国家的强弱、财富的消长和社会发展的速度，是一个极为重要的经济概念和经济指标。研究生产率与经济增长之间的关系具有十分重要的理论及现实意义。

（2）全要素生产率

全要素生产率一词曾经出现在美国《工业工程术语》一书中：解释为总产出与总投入的比值，或者实际产量与规定单位工人（一个或一组不等）的标准产量之比。这种解释与劳动生产率十分类似，属于一种比较表面化的定义。全要素生产率的内在含义是对各类经济组织的生产能力发挥程度的度量，小到一个工作组，大到一类产业，甚至整个经济体。

在生产的过程中，投入往往是多种多样的，产出也因为统计方式有所不同而分为不同的形式。因此，对于不同产品的生产，全要素生产率的衡量也是差异很大的。

在经济学研究领域，生产率分为单要素生产率和全要素生产率，顾名思义，单要素生产率就是某种生产要素投入与产出的比，资本生产率、劳动生产率都是很好的例子。单要素生产率只能体现某种生产要素影响到的生产效率，它的增长也只能体现该要素利用率的提高，而不能衡量整体生产效率的提高，因为不同要素投入之间可能存在替代现象。因此，衡量整体效率高低，必须考虑到所有投入，以一定的权重，对于各种生产要素的生产率进行加权平均，来得到这一生产过程的全要素生产率。

全要素生产率对生产率增长的影响因素包含了全部的投入要素，比如传统的资本、劳动和现代经济理论中的人力资本等，还考虑外在制度、机制等对生产率的影响。所以，很多经济学家不从正面来阐述全要素生产率，而是对全要素生产率的增长情况进行研究。比如，多恩布什就曾对全要素生产率的增长率下定义：在所有生产要素投入不变的情况下，全要素生产率的增长率是作为生产方法的改进导致的产量增加幅度。丹尼森则通过索洛“余值”的概念，将全要素生产率的增长率定义为产出的增长率去掉各种生产要素投入的增长率所导致的产出效益之后的余值。乔根森等则认为全要素生产率实际上根本就不存在，只是一种对要素投入度量存在误差所导致的。

在本研究中，我们参考丹尼森的想法，对全要素生产率做如下定义：全要素生产率是指扣除全部生产投入（包括劳动投入、资本投入和其他各种投入）增长率之后的农业产出增长率。这样定义的全要素生产率有以下特点：第一，具有相对性，在进行具体测度的时候，需要研究者对生产单位与生产方式进行研究和判断，所以，这不是一个绝对性的定义。第二，这一定义具有复杂性，这主要因为，各类要素投入会通过很多途径来影响产出从而影响全要素生产率，而且，所有相关无法统计出来的因素都会直接对全要素生产率造成影响，比如管理水平，生产工艺等。

（3）粮食全要素生产率

1947 年，美国经济学家 M. R. Cooper 等在 *Progress of Farm Mechanization* 一书中，提出农业全要素生产率的概念。他们与前文所述的丹尼森观点类似，认为农业全要素生产率与一般的全要素生产率没有本质差别，农业全要素生产率是指扣除全部生产投入（包括劳动投入、资本投入和土地投入）之后的农业产出增长率。还有学者认为，农业全要素生产率即科技进步率，因为农业科技进步的表现形式是非常多样的，其中包含生产要素的质量改进，生产者技能的提高，生产要素的优化配置，生产管理水平的提高，相关政策的实施等。这种对农业科技进步的定义不仅包括了技术进步，还包括了对现有技术的利用效率及规模经济等，实际上也与前一种定义没有本质上的差别，只是进一步做出解释而已。所以，鉴于前一种定义的严密性，本研究对粮食生产的全要素生产率进行概念界定时，采用前一种定义。

本研究所称粮食即我国目前采用的广义粮食概念，包括谷物类、豆类与薯类。在此基础上，界定粮食全要素生产率概念如下：粮食全要素生产率是指扣除劳动投入、土地要素投入与相关的资本投入之外的，由其他要素带来的粮食产出的增长率。从含义上来看，粮食全要素生产率应该是应用农业科技去实现某一方面的进展，这是一个不断将新技术、新知识应用在粮食生产的要素投入上，重新整合生产要素，建立效率更高、费用更低的生产函数，提高粮食生产的经济效益与社会效益的过程。本研究所指的农业科学技术大致可分为三类：一是在生产过程中劳动者的技能性技术，即粮食生产者按照自身的某一目的进行活动的技能或能力，它与劳动者自身教育水平、专业训练与经验积累是密不可分的；二是劳动手段的使用性技术，即劳动者通过新劳动手段的使用，如农业机械的使用，提高生产率的技术；三是集劳动者的技能性技术与劳动手段的使用性技术于一身的其他技术，包括在粮食生产经营过程中，通过经营组织革新、农业生产管理水平提高、资源利用效率提升等提高总体生产率水平的技术。

2.1.5 环境技术效率内涵与特征

（1）环境技术效率内涵

环境技术效率是在传统技术效率基础上延伸的一个概念。传统技术效率是指投入与产出之间的关系，指在既定的投入下实现了产出最大化，或者在生产既定的产出时实现了投入最小化。环境技术效率，顾名思义是指在考虑环境非期望产出的基础上对技术效率的一个测度，同样是计算投入与产出之间的关系，但是产出方面包括与环境有关的指标。在环境问题日益严重的今天，能够对新时期的可持续发展做出一个更好的评估。

环境技术效率作为新时期技术效率的指标，在考虑了环境的前提下，对产业的技术效率做出了一个新的评价，这不仅是对当今可持续发展的一个理论性判断，也是给相关企业的发展提供了一个新的目标，为新时期的结构转型提供风向标。环境技术效率首先也是技术效率，必定具备传统技术效率的特征。传统技术效率在选取投入产出指标后，只要在测度软件输入相关数据就能得到技术效率的结果，其特点体现在指标选取明确，测度过程容易操作等。

（2）环境技术效率特征

首先，指标选取明确。和传统技术效率一样，其指标在选取时有着明确的投入产出含义。例如，投入指标中包含资本投入、劳动投入，产出指标中包含产业增长，这些指标都具有一定的代表性，能更准确地描述实际情况。同时也要遵循数据易得这个原则，只有在指标数据易得的条件下，才能得出结果，否则没有实际意义。

其次，测度过程易操作。现在技术效率的测度都可以凭借相关软件直接得出。这些软件包括商业软件和免费软件，不同的软件在测度过程中有其自身的特点，在选取时要结合实际需要。

最后，考虑了环境因素。环境技术效率在指标选取时，进一步考虑了环境因素，在产出方面加入了与环境相关的非期望产出。目前，这些非期望产出包括各种形态的环境非期望产出，有固体、液体、气体这三种形式，具体采用哪种产出形式要视研究的对象而定。

近年来，虽然我国在环境管理和生态保护方面取得了一定的积极成果，但是生态环境恶化的整体趋势仍然没有得到根本改变。污染问题依然严峻，比如水、土壤、大气、固体废物、汽车尾气和持久性有机物，重金属污染继续加重，水土流失依旧严重，自然森林和草原退化。同时，随着生产业的发展，能源消费总量持续增加，但是能源效率不高。资源和环境瓶颈问题在中国经济增长中正在变得越来越严重。因此，采用环境技术效率对产业发展水平进行评价在环境问题日益凸显的今天显得更具有代表性。

2.2 理论基础

2.2.1 区位理论

区位理论是关于人类活动的空间分布及其空间中的相互关系的学说。具体地讲，是研究人类经济行为的空间区位选择及空间区内经济活动优化组合的理论。区位理论经历了从古典区位理论发展到新古典区位理论再发展到现代区位理论，研究对象从宏观区位布局拓展到微观主体区位选择，从单一学科研究拓展到多学科融合，研究方法从局部均衡发展到一般均衡。古典区位理论产生于 19 世纪初，研究基础是地租理论及比较成本理论并在随后扩展到区域科学和经济学各领域。研究方法和模型经修正发展到新古典区位理论阶段，但新古典区位理论仍然依托完全信息和理性人假设。从 20 世纪 60 年代开始，以德伊、克鲁格曼等为代表所研究的现代区位理论认为区位选择应该是有限理性的动态性。

区位理论首次用到农业领域的是由 19 世纪 20 年代德国农业经济学家约翰•杜能（Johann Thünen）提出的，认为农业土地利用类型和利用集约化程度，不仅取决于土地的自然禀赋，而更重要的是受经济状况的影响，尤其是农业生产地到消费地（市场）的距离。作物结构的布局取决于其纯收益，而纯收益由农产品的市场价格、农业生产成本以及农产品的运费三个因素共同决定。如某一地区大量生产某一农产品，那么这一农产品在这个地区纯收益比其他地方高。但随着生产地与市场距离增大，运输费用增加，该农产品成本增加，纯收益下降，当达到一定距离时，它将让位于纯收益比它高的另一农产品，即一种土地利用类型被另一种所取代。在市场机制作用下，形成以城市为中心，由内向外呈同心圆状分布的不同农业地带（简称杜能圈）。“杜能圈”形象地描述了土地利用分异状况，为农业区位研究提供了新的视野。

推动农业区位理论较快发展的另一个经济学家布林克曼（Brinkkman T），他从集约度和经营方式角度研究农业区位布局，其中心理论认为农场的集约程度取决于农场的交通位置、自然状况、社会经济发展水平和生产者行为等共同作用，而集约程度的高低则会进一步影响农业的收益和土地利用方式。布林克曼设定所有的生产费用作为距离的函数进行分析，得出不同作物空间布局取决于集约指数和地租指数。

达恩（E. Dunn）和阿伦索（W. Alonso）对农业区位理论的发展也做出了巨大贡献。达恩通过建立一般均衡模型，由静态研究到动态研究，认为区域经济的发展是以一定时期生产力发展水平为基础的，农业区位分布上具有明显的时空结构特征。阿伦索引入区位边际均衡和区位边际收益等空间经济学理论，从竞价地租的角度出发，分析了农业分布的依据，并且为农业布局做出了合理的解释。

上文所述的区位变化，在实践检验和验证过程中，一般通过集中度指数（location quotient）进行描述，Florence（1929）最早用于估计工业区域分布。罗万纯（2005）、邓宗兵（2013）等运用粮食生产集中度指数对中国粮食生产布局进行了深入分析。在已有研究成果的基础上，本研究第 3 章探讨鄱阳湖生态经济区粮食生产时空变化时就运用该理论和方法进行描述、分析。

2.2.2 比较优势理论

（1）绝对比较优势理论

18 世纪中叶，英国古典经济学家亚当·斯密（Adam Smith）发表了其著名巨著《国民财富的性质和原因研究》，提出了绝对成本优势理论，认为各国存在的生产技术差别，会造成劳动生产率和生产成本的绝对差别。贸易各方应集中生产并出口自己具有绝对优势的产品，进口不具有绝对优势的产品，其结果会比自己什么都生产更有利。由于斯密以商品的生产成本作比较基础，其分工理论与贸易理论被后人称为绝对优势理论。绝对优势理论对分工和空间布局起到了奠定基础，是生产性理论布局的思想渊源。

（2）相对比较优势理论

18世纪末到19世纪初，另一位古典经济学家大卫·李嘉图（David Ricardo），在亚当·斯密绝对优势理论的基础上提出了相对比较优势学说，认为国际贸易的基础并不限于生产技术上的绝对差别，只要一国在生产技术上与其他国家存在相对差别，就会出现这个国家的生产成本和产品价格与其他国家产生相对差异，从而使得这个国家在不同的产品上具有比较优势，国际分工和贸易更易成为可能。按比较成本进行国际分工和贸易，每个国家都应该集中生产优势较大或劣势较小的商品。相对比较优势理论认为，某一国家只需在该产品的生产上拥有相对比较优势而不一定要有绝对优势，就能够出口获利。这个国家可能会在所有的产品上都不具有绝对优势，但一定会在某种产品上拥有比较优势。因此，一个国家不拥有任何绝对优势，仍然可以参加国际分工和国际贸易，并获取比较利益，这在一定程度上弥补了亚当·斯密绝对优势学说的理论缺陷。

（3）资源禀赋学说

在李嘉图以后的100多年里，比较优势学说得到了不断补充和发展。19世纪中叶，约翰·斯图亚特·穆勒（John Stuart Mill）在比较优势理论的基础上，从相互需求角度出发，分析了国际交换价格的决定和国际贸易的规模，以及各国从贸易中所得利益的相对多寡，从而进一步为比较优势理论作了补充。20世纪初，伊·菲·赫克歇尔（Eli F Heckscher）和戈特哈德·贝蒂·俄林（Bertil Ohlin）又进一步从生产要素比例的差别而摒弃了生产技术的差别上，解释了生产成本和商品价格的不同，从而导致比较优势的产生，提出了著名的H-O理论（即赫克歇尔-俄林理论），该理论认为不同的商品需要不同的生产要素（不仅仅是劳动力，还包括资本、土地以及其他生产要素）比例，而不同国家拥有的生产要素比例是不同的。因此，各国在生产那些能够利用其相对充裕生产要素的商品时，势必会产生比较利益。因此，每个国家应该出口能够利用其充裕要素的那些商品，以换取那些需要比较密集使用其稀缺生产要素的进口商品。

（4）比较优势理论的新发展

俄林以后，比较优势理论又有了新发展。保罗•克鲁格曼（Paul R. Krugman）用“规模经济”和“不完全竞争”解释相似资源储备国家之间和同类工业产品之间的“双向贸易”[①]或产业内贸易。即通过扩大市场增加生产从而降低成本获得收益。日本经济学家小岛清

① 双向贸易（Two-Way Trade），又称产业内贸易或水平贸易（Horizontal Trade），指一个国家在出口的同时又进口某种同类产品。

（Kiyoshi Kojima）提出了协议性区域分工理论，其理论证明即使在相对成本不存在差别或者说资源要素禀赋相同的条件下，分工仍然是一种必然的趋势。美国当代经济学家雷蒙德·弗农（Raymond Vernon）提出的产品周期理论等拓宽了区域分工理论的范畴，将自然资源、生产技术变化也包含在生产要素中。

上述区域比较优势和资源禀赋差别是区域之间进行粮食生产地域分工、优势互补与发展的重要依据。在一个区域内，总有某个地区因生产条件最适宜，或因市场需求最多而得到高于其他地区粮食生产的收益，这是粮食生产区位形成和变化的最主要原因。区位理论为探讨鄱阳湖生态经济区粮食生产空间布局变化提供了理论支持，比较优势理论为优化鄱阳湖生态经济区粮食生产合理空间布局提供了指导。同时，区位理论和比较优势理论的运用能够充分发挥区域内资源、要素、区位等方面的优势，扬长避短、挖掘发展潜力，实现鄱阳湖生态经济区经济效益、社会效益和生态效益的最大化以提高整个国民经济发展的综合效益。

2.2.3 全要素生产率相关理论

全要素生产率（total factor productivity，TFP）是用以分析经济增长内在动力的最重要工具之一，对于TFP的研究，可以结合经济增长理论对鄱阳湖生态经济区粮食生产的内生因素进行可靠测度与深入剖析。经济增长理论一直以来都是区域经济学研究中的一个重点，因为经济增长理论所研究的问题是经济学中非常难以得到答案却又无法逃避的问题：什么才是经济增长或者说尽可能做到经济学中最理想状态——优化配置的必要条件，如何才能真正保持和促进经济体的不断发展。本研究试图对鄱阳湖生态经济区粮食生产增长的内在因素做出解释，并针对这些因素做出相应的政策建议与调整。

（1）古典经济学中的经济增长理论

在古典经济学初期，对于经济增长内在因素的研究引起了经济学家的广泛关注。经济学鼻祖亚当·斯密就认为有两种方法可以使经济总量增长：一种是增加劳动的投入量，另一种是提高劳动的效率；这两种方法中，亚当·斯密更加注重后者对经济增长的促进作用。而在进一步的分析中，亚当·斯密（A. Smith，1776）认为劳动效率的提高主要依靠分工程度的提高和资本的积累。而亚当·斯密之后的大卫·李嘉图对经济增长的分析过程则是从收入分配角度入手的。大卫·李嘉图（David Ricardo，1817）主要对农业领域进行了研究，他认为，长期来看，经济增长最终会因为收益的递减而停止，因为有着充足肥力的土地是十分有限的，生产向肥力较低土地上扩展会导致投入的增加不能带来等比例的产出增长，而劳动投入所需的工资也会同时提升，会使资本家的投入不能得到相应的利润，最终资本积累减少乃至生产停止。马克思（Karl Heinrich Marx，1885）的进步之处在于技术进步的强调，而竞争是促进技术进步的原因，竞争导致的优胜劣汰推动了生产集中与资本的增加。熊彼特（C J. A. Schumpeter，1912）又进一步将创新这一概念引入关于经济增长的分析，并且认为“创新”对生产所起到的作用就是“建立了一种新的生产函数”。

总之，古典经济学家因其所处的时代特点，都指出了经济增长受到某些生产要素（如资本、劳动力和土地）的规模制约，但都过分关注农业生产中肥力递减、人口停滞等因素的作用，而对技术进步等没有给予足够的重视。

（2）新古典经济增长理论

新古典经济增长理论提出的哈罗德-多马（Harrod R. F.，1939；Domar E.，1946）模型的理论假设是：生产技术不发生改变，即无生产函数的变动，对于一个一定的储蓄率，就必然有且只有一个能够实现均衡增长的增长率。因此，充分就业的状态很难得以实现。就算上述均衡增长率能够使经济增长沿着一条路径不断向前推进，这条路径也是十分狭窄的，一旦偏离，就难以再次回到正常的轨迹上了。之后，索洛与斯旺（Solow，1956；Swan，1956）同时提出了新古典增长模型，被称为索洛-斯旺模型。这一模型认为，前者的狭窄轨迹并不是唯一的路径，充分就业的稳定增长是可以实现的，方法是通过市场机制进行调节，使劳动投入与资本投入的比例可变。此外，他们指出，从长期视角进行观察，经济增长的真正因素是技术进步，而非简单构想中的资本积累与劳动投入的增加。新古典经济增长理论认为，在规模收益不变的情况下，人均收入的提高唯一途径是提高长期生产中投入的资本劳动比例，只有相对的劳动投入减少而收益提高才能增加人均收入，而资本的边际收益率也同样取决于生产投入的资本劳动比例。众所周知，生产要素投入的边际收益是递减的，所以资本边际收益会随着生产投入的资本劳动比例的升高而降低。由于上述两种机制的存在，新古典经济增长理论认为，当资本的边际收益降低到一定程度的时候，资本积累与劳动投入增加速度将持平，最终人均收入会走向一个固定的水平，即经济的增长是有止境的。

新古典经济增长理论的创新之处在于，这些理论注意到了生产中的技术进步因素，并把它作为经济长期持续增长的决定因素。但在上述理论中，技术进步还只是一种外生变量，且以一个固定的增长速度持续地提高。除此之外，大量现代化国家的经济发展历程，也基本上验证了技术进步是经济发展重要因素的理论合理性。但客观上来说，新古典经济增长理论只是在分析工具上做出了很大的贡献，并没有引入新的经济思想。

（3）新经济增长理论

新经济增长理论的产生是源自新古典经济增长理论的两个缺点。第一，新古典经济增长理论在解释各国之间长期存在的明显经济差异上无能为力。新古典经济增长理论对经济增长的最终结论是：经济增长速度最终是收敛，对于世界各国来说都是如此。如前文所说，新古典经济增长理论认为，由于技术进步是外生的，对于世界各国来说，取得技术进步的机会是均等的，所以取决于技术进步的经济增长速度的均衡值是完全一致的，但这明显与事实不符。第二，新古典经济增长理论将技术进步归结为外生的，但却对技术进步的来源不做任何解释，这是无论如何也说不通的。

率先抛出“技术内生性”的是阿罗（Arrow，1962）的“干中学”（learning by doing）理论，这一理论假设：技术进步，或者说生产率的提高是由资本积累带来的，是投资产出的一种副产品，而且技术进步是具有溢出性的，不仅率先取得技术进步的生产厂商可以提高生产率，其他同类厂商也可以由于知识的溢出获得生产率的提高。这样，阿罗对于技术进步的内生性做出了解释，这个模型跳出了新古典经济增长理论的研究框架，对经济增长做了内生增长的首创性解释。当然，阿罗的模型也存在较为明显的缺陷，即人口增长是一种外生变量，而且对经济增长是决定性的因素，这样一来，如果人口增长率为零，那经济的增长率也同为零，这显然是不对的。

罗默（Romer，1984）对阿罗的“干中学”理论进行思考，进一步建立了他的第一个内生增长理论模型。这一理论模型假定市场是完全竞争的，全经济范围下的收益是递增的，并且技术进步是具有外部性的。但完全竞争的假设导致技术所具有的排他性与非竞争性无法得到很好的解释，罗默在 1990 年又提出了第二个内生增长模型。模型的三个基本假设为：①技术进步是经济增长的核心因素；②绝大部分技术进步源自市场竞争的激励，即技术进步是内生的；③技术或者说知识也能成为一种商品。这一模型的经济含义与政策结论都更加具有解释力：第一，经济增长依赖于内生的技术进步而不是知识的溢出效应，经济可以持续增长，可以不断开发新的产品，引入新的投入生产函数，来改善资本投入的收益递减情况。第二，知识的作用有以下四点：促进新技术的产生、加快知识的积累、提高人力资本水平和证明在保护知识产权与专利过程中政府干预的必要性。此外，这一模型还证明人力资本是经济增长的主要决定因素。

另一位代表新经济增长理论的经济学家卢卡斯（Lucas，1990），提出了与罗默不同的经济思想。他将增长模型中的资本划分为人力资本和物质资本，他认为，溢出效应来自于对人力资本进行的投资，而不是物质资本。人力资本单位产出的增加会直接引起总产出的提高与人均收入的提高，这也体现了全社会的经济效率的提高。这一模型的重要意义是：首先，经济增长不是简单通过资本积累来实现的，而是通过人力资本的积累，正是人力资本积累的正外部性，使经济持续增长；其次，资本和劳动力的流动应该是从低收入的国家流向高收入的国家。这一点与现实相符，但从未在理论上得到论证。该理论具有之前经济增长理论所不具有的解释力与政策指导力，对本研究所探讨的鄱阳湖生态经济区粮食生产的发展具有启发性的借鉴作用。但是这一理论也存在一些缺陷，如没能建立一个统一的生产函数、没有考虑到资源禀赋差异带来的制约、没有考虑到制度建设对于全要素生产率的作用。

（4）现代经济增长理论

现代经济增长理论在继承内生增长理论核心内容的基础上，进行了一系列探索。琼斯（C. Jones，1995）构建了一个无规模效应的模型，这一模型包括知识生产部门与最终产出部门，去掉了内生可积累投入要素规模收益不变的限定条件，最终得出的结论是不存在规模效应。基于全部内生要素在上述两部门的总产出弹性不同这一假设，得出了经济增长在长期将符合“短板”效应的结论，即经济增长率最终会由总产出弹性最小的部门决定，而不取决于经济的总体规模。

同时，另一条新的理论思路是由“偷生意效应”[①]而来。如阿尔文•杨（C Young A.，1995）在他的模型中认为，市场中的微观主体可以从垂直方向与水平方向的创新活动中偷取创新者的创新，从而分得利润，即进行产品的模仿来分割创新的超额垄断利益，经济规模越大，参与分割的微观主体就越多。现代经济增长理论的进步主要体现在如下三点：第一，发现并论证了无规模效应或有限规模效应的长期经济增长路径；第二，经济增长模型的解释程度得到进一步加强，物质资本投入可以任意增加这种强假设条件被摒弃；第三，现代经济增长理论更具有政策指导力，可以提出更有针对性的政策建议，如政府应该从如何激励企业进行产品质量的创新入手，对某些创新难度大的产品进行适当的重点资助，提高 R&D 的研究深度等，长时期来看，这样才可以提高经济增长率。

2.2.4 新空间经济学理论

空间经济学是根据时间、层次、传统三维空间相互转化原理研究经济发展规律、预测经济发展趋向、进行经济空间布局、调整产业空间结构、取得经济规模效益、实现经济可持续发展的经济学，是结构经济学向发展经济学转化的中间环节。传统空间经济学理论主

① 偷生意效应的实质，就是个人通过人力资本投资，并以产品创新为中介取走原有产品垄断利益的效应；它是个人人力资本投资的基本动力，但对原来的产品创新者是一种负效应。它是熊彼特“创造性毁灭”过程中取走原有产品垄断利益的效应，或者说，对原来的知识创造者是一种负效应。真正将偷生意效应在理论上突出出来的，是阿尔文・扬等一批新熊彼特主义者。

张经济活动在区域间无差异的条件下，最终在地理空间上将均匀分布，但现实的情况却是不同类型的经济活动在空间上的高度集聚。具体而言，空间经济学是从理论上分析在某个特定的土地上会不会，以及为什么会产生集聚，也就是研究经济行为的空间集聚（Martin R.，1999），是经济学新的领域。1999 年由麻省理工学院出版的《空间经济学：城市、区域与国际贸易》具有里程碑意义，它是日本京都大学藤田昌久、美国普林斯顿大学保罗•克鲁格曼和英国伦敦政治经济学院安东尼•J. 维纳伯尔斯等三位国际著名经济学大家合作的结晶。这本书在美国享有极高的声誉，是许多大学的博士生教材，也被译为日文、西班牙文、葡萄牙文和中文等多种文字广为流传。在这以后，众多同类著作纷纷问世，其中 2002 年由英国剑桥大学出版的“经济学前沿理论”丛书中就包括《集聚经济学》和《地理经济学导论》两本。2003 年美国普林斯顿大学又出版了《经济地理与公共政策》。最近几年来，它已成为我国经济学界的一个热门。事实上，在当代经济全球化和区域经济一体化的背景下，经济活动的空间区位对经济发展和国际经济关系的重要作用在过去的 10 年中已经引起人们的高度重视，从而也赋予了空间经济学崭新的生命力。

传统空间经济学存在三个方面的局限性：第一，只注重国内区域分工和发展定位的研究，忽略了从国际分工角度所引致的区域定位和发展模式；第二，只注重单个区域的要素集聚与扩散效应研究，忽略了多个区域之间形成的合作与竞争格局；第三，只注重一定经济区域的资源布局和效率研究，忽略了由不同区域（甚至跨国界）相互联盟所构成的共同利益体系。这三个局限性最终可以归结为一点，即只要有共同利益指向，不同空间单元（特定区域）就可以组合为一个利益共同体或统一的经济区域。这些问题在战后兴起的新贸易理论、区域经济一体化理论、区域政策研究以及各国积极推行的区域经济一体化过程中逐步得到了解决，从而为“新空间经济学”的诞生奠定了坚实的理论和实践基础。

Krugman（1991a，1991b），Fujita & Krugman（2004）等在前人研究的基础上，创建并形成了新空间经济学理论。新空间经济学的关键理论基础和假定是任何制造业产品都具有运输成本。运输成本包括看得见的运输网络形成的有形运输成本，也包括地方保护等非关税贸易壁垒。新空间经济学理论探讨经济行为在空间的集聚，从而形成产业集群。空间集聚是一种特殊的空间动态现象。在空间系统的动态过程中，某些中心区域吸收了来自其他区域的人口、资金而增长起来，相应的某些中心区域发生衰退，这就是空间集聚。古典的区位理论从不同产业的角度研究了空间分布规律，空间经济学则试图将古典学派的区位理论综合成一个系统的空间结构，并假定决定空间结构及其差异的关键因素是运输费用、要素聚集和对土地的开发利用等。新空间经济学采用了收益递增-不完全竞争模型的建模技巧对空间经济结构与变化过程重新考察，其目的在于将经济地理分析纳入主流经济学的范畴之中。

在经济学的发展进程中，新空间经济学理论也正处于不断的发展和完善之中，经济学和空间地理学需要相互取长补短，相互融合（Martin R.，1999）。因此，本研究将其基本原理作为理论分析基础之一，具有现实的意义和价值。

2.2.5 可持续发展理论

可持续发展（sustainable development），或称永续发展，是指在保护环境的条件下既满足当代人的需求，又不损害后代人的需求的发展模式。可持续发展理论的形成经历了相当长的历史过程。20 世纪 50—60 年代，人们在经济增长、城市化、人口、资源等所形成的环境压力下，对“增长=发展”的模式产生怀疑并展开研究。1962 年，美国女生物学家蕾切尔・卡逊（Rachel Carson）发表了一部引起很大轰动的环境科普著作《寂静的春天》，作者描绘了一幅由于农药污染所造成的可怕景象，惊呼人们将会失去“春光明媚的春天”，在世界范围内引发了人类关于发展观的争论。

10 年后，两位著名美国学者芭芭拉・沃德（Barbara Ward）和勒内・杜博斯（Rene Dubos）的享誉全球的著作《只有一个地球》问世，把人类生存与环境的认识推向一个新境界，可持续发展的境界。同年，一个非正式国际著名学术团体即罗马俱乐部[①]发表了著名研究报告《增长的极限》（*The Limits to Growth*），明确提出“持续增长”和“合理的持久的均衡发展”的概念。1987 年，以挪威首相布伦特兰（Gro Harlem Brundtland）为主席的联合国世界与环境发展委员会发表了一份报告《我们共同的未来》，正式提出可持续发展概念，并以此为主题对人类共同关心的环境与发展问题进行了全面论述，受到世界各国政府组织和舆论的极大重视，在 1992 年联合国环境与发展大会上可持续发展理念得到与会者共识与承认。

在具体内容方面，可持续发展涉及可持续经济、可持续生态和可持续社会三方面的协调统一，要求人类在发展中讲究经济效率、关注生态和谐和追求社会公平，最终达到人的全面发展。这表明，可持续发展虽然缘起于环境保护问题，但作为一个指导人类走向 21 世纪的发展理论，它已经超越了单纯的环境保护。它将环境问题与发展问题有机地结合起

---

① 罗马俱乐部（Club of Rome）是关于未来学研究的国际性民间学术团体，也是一个研讨全球问题的全球智囊组织。其主要创始人是意大利的著名实业家、学者 A. 佩切伊和英国科学家 A. 金。俱乐部的宗旨是研究未来的科学技术革命对人类发展的影响，阐明人类面临的主要困难以引起政策制定者和舆论的注意。目前主要从事有关全球性问题的宣传、预测和研究活动。罗马俱乐部成立于 1968 年 4 月，总部设在意大利罗马。

来，已经成为一个有关社会经济发展的全面性战略。

作为一个具有强大综合性和交叉性的研究领域，可持续发展涉及众多的学科，可以有不同重点的展开。例如，生态学家着重从自然方面把握可持续发展，理解可持续发展是不超越环境系统更新能力的人类社会的发展；经济学家着重从经济方面把握可持续发展，理解可持续发展是在保持自然资源质量和其持久供应能力的前提下，使经济增长的净利益增加到最大限度；社会学家从社会角度把握可持续发展，理解可持续发展是在不超出维持生态系统涵容能力的情况下，尽可能地改善人类的生活品质；科技工作者则更多地从技术角度把握可持续发展，把可持续发展理解为是建立极少产生废料和污染物的绿色工艺或技术系统。

可持续发展与低碳经济型社会之间是相互依存、相互影响的。可持续发展为低碳经济型社会提供物质保障，低碳经济型社会为可持续发展提供经济援助，两者共同发展，目的都是将温室气体的排放量降低，共同为走节约资源型、环境友好型道路做出了重要贡献。推进植树造林，推动绿色经济，控制工业企业污染物排放，采用新型节能环保设备，建立完善温室气体排放标准体系，确立环保责任制。协调可持续发展理论，要求与社会、经济、环境等方方面面统筹规划，在不断摸索中前进，寻找更加合适的方案，最终实现经济、社会与环境的全方面发展。本研究基于可持续发展理论，对鄱阳湖生态经济粮食生产环境技术效率进行分析，探讨鄱阳湖生态经济粮食生产的可持续发展之路。

2.2.6 空间均衡理论

“空间均衡”在经济社会及生态方面的含义可作两个方面解释：一方面为数量概念，指相互对立的两个经济变量在数量上大体相等；另一方面作为状态概念，指相互对立的双方均没有改变现状的意愿和能力，彼此处于均衡和平衡状态，即市场主体对现存的产品总量和结构具有的一种基本满足的状态，它们无意也无力通过增加新的供给来改变这种状态。本研究指的空间均衡不是数量均衡，而是状态均衡，立足于区域比较优势，充分体现其地域功能综合价值的区间均衡。

状态空间均衡，意味着人口、经济、资源与环境协调的一种空间上的“帕累托效率”① 状

---

① 帕累托效率（Pareto Efficiency），也称为帕累托最优（Pareto Optimality），是以意大利经济学家维弗雷多·帕累托的名字命名的，指资源分配的一种理想状态，假定固有的一群人和可分配的资源，从一种分配状态到另一种状态的变化中，在没有使任何人境况变坏的前提下，使得至少一个人变得更好。帕累托最优状态就是不可能再有更多的帕累托改进的余地。

态，不仅代表着空间内人与人、人与地之间的各种复杂关系，也代表着空间与空间之间的分工与协作关系，是基于区域性要素（比较优势），对非区域性要素的效率选择以及非区域性要素的流动，使各要素的最优空间配置。一方面使各要素配置最优化，在一定的空间内获得最大收益，最大限度地发挥各地要素的潜力和优势，以空间区域优势换取区域竞争力；另一方面，又能使社会、经济、资源、环境等要素和谐有序，整体效益最大化。在开发格局中，通过让开发成本低、资源环境容量大、发展需求旺盛的地区承担高强度的社会经济活动，允许这些地区进行高强度的开发；而生态价值高、开发难度大的地区，使其主要承担生态维护功能，严格控制其开发强度。

空间非均质和要素禀赋在区域不平衡发展中扮演的角色日益为研究者所重视（陈雯，2008）。郝寿义和金相郁所著的区域经济学系列教材，始终围绕着空间非均质假设，认为要素禀赋的非均质分布乃是区域经济不平衡的根本原因，提出了“要素适宜度”[①]的概念，以求从要素禀赋角度重新衡量区域发展不平衡以及区域协调的内涵。郝大江在此基础上，建立了包含区域要素禀赋的区域经济增长模型，进一步强化了区域的要素禀赋在稳态增长率中有着重要作用的观点。郝寿义认为区域经济增长的路径依赖并不仅仅取决于历史和偶然，更取决于区域性要素禀赋条件以及要素适宜度水平。生产活动不仅包括资本、劳动、技术等非区域性要素，同时也包含自然资源、制度和环境等区域性要素。某种意义上，可以说“所有的区域发展都是基于一定的区域性要素展开的”，这也表明非区域性要素必然要与区域性要素交互作用，形成有机的统一才能保障生产的顺利进行。因此，在区域发展的均衡路径选择上，区域性要素与非区域性要素的适宜度水平就会起着至关重要的作用。

从要素适宜度的角度来看，区域的不平衡发展是必然的，这源于要素禀赋条件的不同。区域发展的直接目标并不着力于其他区域间发展差距或收入差距的大小，而是集中精力在区域本身的要素适宜度的提高上，至于能否缩小与更发达区域的差距，会受到禀赋结构的提升或某种外在偶然性冲击的影响，并非区域本身应努力追求的。退一步讲，追求差距的缩小是在要素适宜度最大化之后的间接目标。区域空间均衡发展的目标应有两个，即实现各区域的要素适宜度的最大化，脆弱性最小化和缩小与外部区域的差距，实施差别化发展。前者是结果，后者是过程。区域空间均衡的基准问题是均衡发展理论的难题之一，因为归根结底其是一个价值判断问题。

---

① 指在某一个区域的一定发展阶段，它所利用的要素间的连接程度以及它所利用的要素条件和发展成果间的连接程度。其内涵实质包括三个层次的判断，即区域内部要素间的“和谐”程度、区域整体的要素禀赋类型与其发展路径模式的匹配度和区域要素禀赋条件与其发展成果的适宜度。

第3章 鄱阳湖生态经济区粮食生产时空变化分析

3.1 鄱阳湖生态经济区概况

3.1.1 区位特征

鄱阳湖位于江西省北部、长江南岸，东经115°47′～116°45′，北纬28°22′～29°45′，以松门山为界，分为南北两部分，北面为入江水道，长40 km，宽3～5 km，最窄处约2.8 km。南面为主湖体，长133 km，最宽处达74 km，是中国第一大淡水湖，也是中国第二大湖。鄱阳湖70%的水域在江西省九江市境内，其余20%的水域在江西省上饶市境内，10%的水域在江西省南昌市境内，汇集赣江、修河、饶河、信江、抚河等水经九江市湖口县城注入长江，既是一个相对独立的生态系统，又对长江流域生态环境有着重要影响。鄱阳湖是世界上最大的鸟类保护区，“鄱阳湖畔鸟天堂，鹬鹳低飞鹤鹭翔；野鸭寻鱼鸥击水，丛丛芦苇雁鹄藏”，每年秋末冬初，有成千上万只候鸟，从俄罗斯西伯利亚、蒙古、日本、朝鲜以及中国东北、西北等地来此越冬。鄱阳湖是我国唯一的世界生命湖泊网成员，是国际重要湿地，也是我国四大淡水湖中唯一没有富营养化的湖泊，受到广泛的国际关注。

2009年12月12日，国务院正式批复《鄱阳湖生态经济区规划》，标志着建设鄱阳湖生态经济区正式上升为国家战略。这也是中华人民共和国成立以来，江西省第一个上升为国家战略的区域性发展规划，是江西发展史上的重大里程碑，对实现江西崛起新跨越具有重大而深远的意义。鄱阳湖生态经济区是以鄱阳湖作为核心，以环鄱阳湖的市、县、区为依托，以保护生态、促使经济发展为重要战略的经济特区（图3-1），包括南昌、景德镇、鹰潭三市，以及九江、新余、抚州、宜春、上饶、吉安市的部分县（市、区），共 38 个县（市、区）和鄱阳湖全部湖体在内，土地面积 5.12 万 km^2，该区域以占江西 30%的土地面积，承载了全省近 50%的人口，创造了 60%以上的经济总量，是江西综合实力最强、发展潜力最大的地区。鄱阳湖生态经济区位于沿长江经济带和沿京九经济带的交汇点，是连接南北方、沟通东西部的重要枢纽；毗邻武汉城市圈、长株潭城市群、皖江城市带，是长江三角洲、珠江三角洲、海峡西岸经济区等重要经济板块的直接腹地；该区域基础条件较好、发展潜力较大，是中部地区正在加速形成的增长极之一，在我国区域发展格局中具有重要地位。建设鄱阳湖生态经济区，特色是生态，核心是发展，关键是转变发展方式，目标是探索和走出一条科学发展、绿色崛起之路。突出生态特色，坚持把生态建设和环境保护放在首要位置，是建设鄱阳湖生态经济区的基本要求。

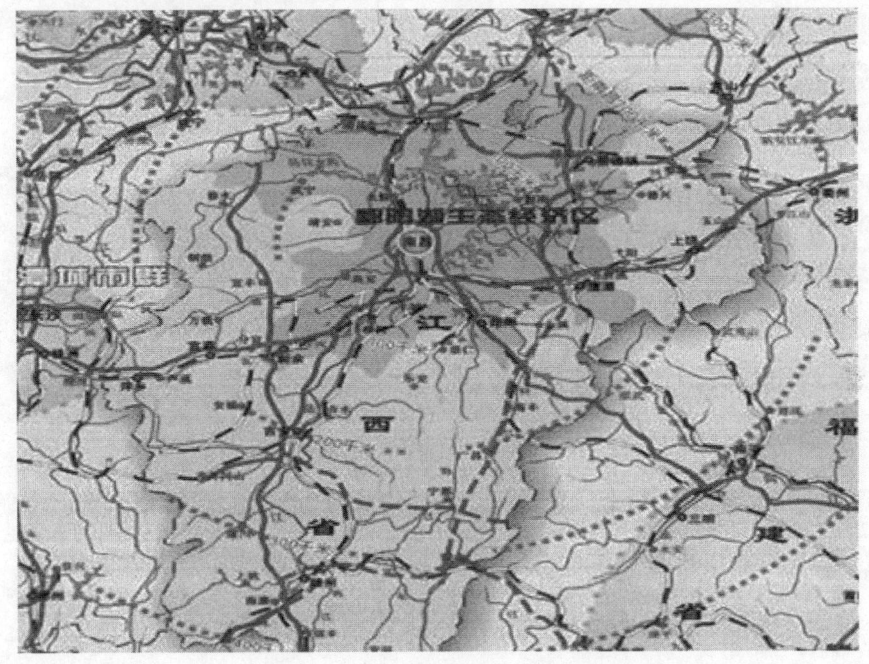

图 3-1　鄱阳湖生态经济区区位图

按照《鄱阳湖生态经济区规划》，其战略定位为“三区一平台”，即建设成为全国大湖流域综合开发示范区、长江中下游水生态安全保障区、加快中部崛起重要带动区、国际生态经济合作重要平台；其建设重点为生态建设和环境保护、环境友好型产业发展、重大基础设施建设、构建生态文明社会、促进区域协调发展、深化改革开放等六大任务。《鄱阳湖生态经济区“两区一带”分区详细规划》将鄱阳湖生态经济区划分为湖体核心保护区、滨湖控制开发带和高效集约发展区（简称“两区一带”）①，就是要根据各区域的资源环境承载能力和发展潜力，确定不同区域的主体功能，并根据各分区功能定位，统筹谋划人口、土地、产业、基础设施和城镇化布局，明确发展方向和思路，完善发展具体政策措施，逐步形成社会经济、资源环境相互协调、相互促进的区域发展新格局。根据国家中长期重点规划，江西省按照“集聚经济，高效开发”的功能定位，工业产业相对集中布局在高效集约发展区；滨湖控制开发带通过提高污染排放标准，强制现有企业淘汰落后产能、有计划异地搬迁和改扩建；湖体核心保护区强化生态功能、禁止开发建设。重点发展科技创新型、资源节约型和环境友好型工业，优先发展战略性新兴产业、高新技术产业，大力发展先进制造业，加快改造提升传统优势产业。鄱阳湖生态经济区发展分为两个阶段：2009—2015年为先行先试、强基固本阶段，主要任务是创新体制机制，夯实发展基础，壮大生态经济实力，初步形成生态与经济协调发展新模式；2016—2020年为深入推进、全面发展阶段，主要任务是构建保障有力的生态安全体系，形成先进高效的生态产业集群，建设生态宜居的新型城市群，为到21世纪中叶基本实现现代化打下良好基础。

建设鄱阳湖生态经济区，有利于探索生态与经济协调发展的新路子、有利于探索大湖流域综合开发的新模式、有利于构建国家促进中部地区崛起战略实施的新支点、有利于树立我国坚持走可持续发展道路的新形象。通过发展生态经济、建设生态文明，改变和避免走先污染、后治理的老路，努力破解生态与经济协调发展的世界性难解之题，正是鄱阳湖生态经济区建设的宗旨所在。

3.1.2 自然条件

鄱阳湖生态经济区属于亚热带湿润性季风型气候，气候温暖湿润，光照充足，雨量非常充沛，霜期一般较短。但由于季风的影响，从而会造成气温和降水变差大，同时也容易出现酷热、水旱、冰冻灾害、春雨夏涝，又会伴随着伏旱、秋旱、夏热冬冷和霜雪的气候特征。整个区域年平均气温为16.5～17.8℃，最冷月份为1月，平均气温为4.2～5.3℃，历史上最低温度为-11.9℃，最高气温为40.9℃。鄱阳湖生态经济区四季分明，春天和秋天时间较长，而夏天和冬天时间较短。从气候特征来看，同一季节，气候特征大体相似，但

① 湖体核心保护区范围为鄱阳湖水体和湿地，以1998年7月30日鄱阳湖最高水位线（吴淞高程湖口水位22.48 m）为界线，面积5 181 km^2。区域功能是强化生态功能，禁止开发建设。滨湖控制开发带范围为沿湖岸线邻水区域，以最高水位线为界线，原则上向陆地延伸3 km，核定面积3 746 km^2。区域功能是构建生态屏障，严格控制开发。高效集约发展区范围为区域其他地区，面积4.22万 km^2。区域功能是集聚经济人口，高效集约开发。

不同的季节之间又有较明显的差别。冬季寒冷且雨水较少，春季进入春雨期和梅雨期，夏季和秋季受副热带高压控制，晴热少雨，偶有会受到台风的侵袭。

根据卫星遥感测算，湖区最大丰水期面积 5 100 km^2，平均水深 6.4 m，最深处 25.1 m 左右，容积约 300 亿 m^3，是我国最大的淡水湖泊。鄱阳湖多年平均水位为 12.86 m，最高水位为 1998 年 7 月 30 日的 22.48 m，最低水位为 1963 年 2 月 6 日的 5.90 m（湖口水文站，吴淞基面）。年内水位变幅在 9.79～15.36 m，绝对水位变幅达 16.69 m。丰水期时，五河的洪水涌入湖中，水位高涨，湖面宽阔，一望无际；进入枯水期后，湖区水位下降，洲滩裸露，水流归槽，湖面缩小，看似一线，故有“枯水一线、洪水一片”之称。丰水期水位面积和枯水期相比最大可相差十多倍。鄱阳湖汇集了赣江、修河、饶河、信江、抚河等水系，湖水经过九江市湖口县城注入长江，年均入江水量占其总径流量的 15.6%，超过黄河、淮河及海河三大河流水量的总和，是长江重要的调蓄湖泊，被称为“长江之肺”，承担着调洪蓄水、调节气候、降解污染等多种生态功能，拥有丰富的鱼类、鸟类等物种资源，是全球 95%以上的越冬白鹤栖息地，在保护全球物种多样性方面具有不可替代的作用，是我国重要的生态功能保护区，是世界自然基金会划定的全球重要的生态区，在我国乃至全球生态格局中具有十分重要的地位。

3.1.3 资源状况

鄱阳湖生态经济区属于资源型经济区域，自然资源十分丰富，为该区域乃至整个江西省经济社会的快速、持续发展奠定了良好的物质基础。

（1）水资源状况

鄱阳湖生态经济区气候温暖，光照充足，雨量充沛，属于亚热带湿润性季风气候。鄱阳湖生态经济区水系发达，总补给来源于大气降水，水质相对较好。多年平均降雨量达 1 426.4 mm，且受季风气候影响，降水量年内分配不均匀，4—6 月降雨量最多，约占全年总量的 47.4%。

（2）土地资源状况

鄱阳湖生态经济区土地面积 21 122 km^2，土地利用类型主要为耕地、林地、水面、草地、建设用地等。其中，耕地占土地总面积的比例为 20.0%（其中 63.7%为水田）、林地为 26.8%、水域为 29.8%、草地为 11.9%、建设用地为 5.8%。其土地资源特色鲜明，一是土地类型齐全，呈环状分布，外环是山地、中环是丘陵岗地、内环是湖滨平原、环心是鄱阳湖；二是鄱阳湖是吞吐型过水性湖泊，具有洪水一片、枯水一线的独特自然景观，也因此造就了鄱阳湖生态经济区内大面积的湖滩漕州生态系统和湿地环境；三是滨湖平原土质肥沃且集中连片，特适宜农业的规模生产，使该区成为全国农业生产重要基地。

（3）生物资源状况

鄱阳湖生态经济区湖区植被面积 2 262 km^2，生物资源种类多、数量大、珍稀濒危物种繁多，在我国四大淡水湖泊中，鄱阳湖区的生物资源最为丰富，生物量最大，生物多样性程度也最高。不仅有丰富的水生生物资源，而且湖滩洲地的生物资源也比较丰富。鄱阳湖有浮游植物 800 多种，有高等植物 600 多种，浮游动物有 607 种；湖中鱼类 140 种，占长江水系中鱼类的 46.7%；此外还有豚类 2 种、已鉴定的贝类 87 种。鱼类经济价值较大的有鲤、鲫、鲢、鳙、青、草等 10 余种和畅销国内外市场的银鱼。截至 2016 年，鄱阳湖现有江豚数量为 450 头左右，是洞庭湖拥有江豚数量的 5 倍，占全中国一半[①]。此外，还出产众多的贝类、虾、蟹、水禽、莲藕和湖草等水生动植物。鄱阳湖保护区内有鸟类 310 多种，占全国鸟类的 1/4，其中属于国际湿地公约指定的水鸟就有 152 种。

（4）矿产资源状况

鄱阳湖生态经济区矿产资源丰富，其矿种之多、资源之丰富，在全国都是少有的。所涉及的设区市中，南昌市矿藏以非金属建材矿为主，兼有燃料、矿泉水等各类矿产 28 种。景德镇的矿产主要包括瓷石、高岭土、煤、钨、沙金、铜、萤石、硫黄、石灰石、大理石等，特别是瓷石、高岭土和煤炭蕴藏最有特色，景德镇的高岭土在国际陶瓷界都具有影响。鹰潭主要矿种有银、铝、锌、铀、稀土、石膏、瓷土、硅质原料、矿泉水、花岗岩和建筑用砂岩等，冷水银铅锌矿是目前我国最大的银铅锌矿矿床，罗塘石膏矿区石膏储量居全省之首；九江市已发现的矿种有金属、非金属、能源矿产三大类共 80 余种，已探明储量的有 44 种，其中金、锑、锡、萤石储量居全省首位，铜居其次，钨居第三，石灰石、石英砂、大理石、花岗岩、瓷土等蕴藏丰富，矿产潜在价值在千亿元以上；宜春市有金属矿产 24 种，非金属矿产 29 种；上饶市已发现金、银、铜、锌、煤等各类矿产 107 种，其中查明有资源储量的 80 种，探明储量占省总储量 50%以上的矿种有铜、钼、金、银、镍、铌、镉、萤石等 20 余种；吉安市地下矿藏众多，主要包括煤、铁、钨、钼、镍、铌、铍、沙金、耐火黏土、泥炭、锰、钾、稀土、白泥、花岗石、大理石、粉石英等 50 多种，有开采价值的矿点 400 多处，钨矿储量仅次于赣南，居全省第二位。

① https：//baike.baidu.com/item/鄱阳湖/154797？fr=aladdin。

3.1.4 产业发展状况

（1）农业

鄱阳湖生态经济区以保障粮食安全为重点，以发展生态农业、高效现代农业为突破口，不断促进优势产业布局区域化、生产规模化、经营产业化，依托特色农业资源，形成了一批优势农业产业集群区和优质农产品种植、生产、加工基地。具体而言，分为“四大生产区”。一是“环湖水域高效渔业生产区”。进贤县、余干县、鄱阳县、都昌县、星子县等环鄱阳湖沿岸区域在保持鄱阳湖“一湖清水”的前提下，加强渔业资源增殖保护，大力发展生态健康养殖，突出水产品加工业和创汇渔业，形成了以“一条鱼一个产业”为核心的“一县一品、数县一板块”的产业格局。二是“北部平原优质棉花、油菜生产区”。九江县、德安县、湖口县、彭泽县、瑞昌市、永修县等区域积极扩大种植面积，大力推广优质良种，着力提高棉花、油菜单产和品质。三是“南部平原优质粮食和无公害蔬菜生产区”。南昌县、新建县、丰城市、樟树市、高安市、奉新县、安义县、乐平市、万年县等区域围绕粮食稳定增产的中心目标，以水稻优势区域为主抓基地，确保国家粮食安全。同时，大力发展无公害蔬菜生产，力争建成珠三角、长三角、闽东南地区的优质“菜篮子”。四是“丘陵山地高效林业、牧业、果业生产区”。贵溪市、余江县、东乡县等区域充分利用丘陵山地资源，重点发展以早熟梨为主的水果产业、油料、茶叶、中药材和花卉产业和以猪、牛为主的集约化畜牧养殖业。

（2）工业

鄱阳湖生态经济区所辖工业园区、开发区 39 个，占全省园区总数的 41.5%，实际开发面积 251.73 km^2，占全省园区面积的 49.8%。鄱阳湖生态经济区以新型工业化可持续发展为目标，以工业园区为平台，以交通干线为脉络，形成了特色鲜明、优势突出、分工合理、配套完善的产业集群和块状经济雏形。具体而言，分为“四大集聚区”。一是“传统优势产业集聚区”。纺织服装产业向共青城、青山湖区等纺织服装产业基地集聚，鞋帽加工制造业向鄱阳鞋帽产业基地集聚，盐化工企业向樟树、新干盐化工基地集聚，有机硅企业向永修星火工业园集聚，化纤企业向九江化纤产业基地集聚。二是“矿产精深加工产业集聚区”。铜冶炼加工企业逐渐向鹰潭、贵溪、余江等 3 个省级工业园区和江铜集团集聚，并计划将鹰潭打造成全国最大的铜冶炼基地、铜产品加工基地、铜废旧原料回收利用基地和铜产业物流中心。江铜依托南昌高新区内的江铜产业园区已开展铜精深加工及新材料基地建设，国内外铜加工企业开始在南昌实施铜精深加工项目；九江湖口工业园区计划高起点建设千万吨级钢铁生产基地，支持新钢、南钢、洪钢调整结构、开发产品、提高竞争力，其他地区禁止布局炼铁、炼钢和轧钢项目；钨深加工企业逐渐向昌北经济技术开发区、靖安工业园区集聚；稀土深加工和应用企业逐渐向贵溪工业园区集聚；建筑瓷和口用瓷企业逐渐向高安、丰城、景德镇集聚。三是“先进制造业集聚区”。整车制造企业逐渐向南昌、九江、景德镇、抚州集聚，组装车企业逐渐向上饶集聚，汽车零配件企业逐渐向景德镇、南昌、九江集聚；船舶工业主要布局在长江九江段、鄱阳湖周边和赣江中下游；机电设备企业主要布局在南昌、景德镇、宜春、九江等地的经济开发区内；现代家电制造企业逐渐向南昌、景德镇的工业园区集聚；炼油及化工产业以九江为中心，开始实施九江石化油品质量升级工程，适时实施化肥原料路线改造项目；以樟树、新干为中心，积极开发离子膜烧碱、纯碱以及无机氯产品和有机氯产品。四是“高新技术产业集聚区”。半导体发光和大功率电池企业逐渐向南昌集聚，光学企业向上饶集聚，光伏企业向新余集聚；南昌开始发展薄膜太阳能电池，逐步限制除新余之外的设区市引进高纯硅料和多晶硅铸旋切片；南昌、景德镇积极参与民用飞机制造，已开始南昌航空工业城的建设；生物医药产业逐渐向南昌、樟树、袁州医药产业基地和核心企业集聚，医疗器械项目向进贤医疗器械产业基地集聚；计算机及网络、数字视听、移动通信、汽车电子向南昌、吉安高新技术开发区集聚，集成电路（IC）、软件及信息服务业向南昌高新技术产业开发区集聚。

（3）第三产业

鄱阳湖生态经济区在发展商贸、旅游等传统第三产业的同时，金融业、总部经济和楼宇经济、商贸物流、服务外包业、商务会展业、教育科技、文化创意业等现代服务业也在迅速扩张，生态服务产业体系的基本构架已形成。综合交通体系、邮电通信等都呈现出快速增长的趋势；旅游业逐渐成为第三产业的支柱产业，乡村旅游、温泉旅游、森林旅游等生态旅游蔚然兴起，以鄱阳湖为中心的大旅游网络基本形成。鄱阳湖生态经济区积极发挥生态资源优势和交通区位优势，依托中心城市，不断提高服务业的比重，强化服务业配套、支撑和引领作用。具体而言，分为“四大发展区”。一是“生态旅游业发展区”。庐山区、九江县、湖口县、星子县等北部区域发展文化观光、休闲度假、避暑疗养、科考教育、宗教朝圣等；德安县、永修县、共青城、都昌县、新建县、余干县、进贤县等中部区域发展湿地科考、湖滨休闲度假、水上运动、候鸟观赏、农家乐园和宗教朝圣等；南昌市区、南昌县、新建县、临川区、渝水区等南部区域发展文化观光、红色旅游和休闲娱乐等；鼓励景德镇市、鹰潭市、万年县等东部区域发展文化观光、森林旅游和宗教朝圣等。二是“特色文化产业发展区”。景德镇发展陶瓷文化创意产业、鹰潭发展道教文化产业、南昌发展广播影视、文娱演艺、新闻出版、动漫游戏等文化产业。三是“商贸物流业发展区”。南昌推进中心物流枢纽的建立，九江、鹰潭等建立区域物流基地；九江发展港口物流；建立以南昌高新技术开发区为中心的国家级服务外包示范区；环湖区域积极发展第三方物流，推动生产与流通企业改造业务流程，剥离、分立或外包物流业务。四是“金融服务业发展区”。南昌市东湖区、西湖区、青山湖区、青云谱区、南昌县、九江市得阳区、庐山区等区域都在积极培育壮大本土金融机构，着力引进国内乃至境外各类金融机构，加强建立比较完善的现代金融产业，特别是与先进制造业发展相配套的证券、信托、保险等生产性金融业体系，致力于建成满足当地、辐射周边的区域性金融中心。

3.1.5 发展面临的重大挑战与机遇

未来一段时期是鄱阳湖生态经济区工业化、城镇化加速推进的重要时期，能源资源需要将大幅增加，节能减排任务更加艰巨，环境保护压力更加突出；与我国经济发达地区相比，鄱阳湖生态经济区的综合经济实力不强，区域竞争力比较薄弱，优势产业和优势企业不多，社会事业发展滞后，人力资源开发培养不足，生态经济区经济社会发展的基础较为薄弱；重开发、轻保护的传统发展模式惯性依然较大，有利于科学发展的政绩综合考评体系尚未建立，有利于促进资源整合、强化污染综合防治的宏观统筹机制仍然存在障碍。尤其值得重视的是，由于区域内外生态环境的持续变化和全球气候变暖，鄱阳湖水位变化异常，连续多年出现历史罕见低水位，鄱阳湖水体污染呈日益加重趋势，保护“一湖清水”的压力不断增大，直接威胁鄱阳湖的生态功能。同时，低水位一定程度上助长了血吸虫滋生繁殖，威胁着湖区人民群众的身体健康和经济社会发展。上述问题和矛盾，都是需要在鄱阳湖生态经济区建设中给予重视和解决的。

同时，建设鄱阳湖生态经济区也面临良好的机遇。国内外对可持续发展已达成广泛的共识，保护生态环境是当代人类生存发展的必然选择，资源节约的发展模式、山川秀美的生态环境正在成为新的竞争优势；我国确立了资源节约、保护环境的基本国策，提出了走可持续发展道路、建设资源节约和环境友好型社会、建设生态文明等一系列战略思想和重大举措，初步形成了比较完善的生态环境保护法律法规体系，生态建设和环境保护力度不断加大；国家促进中部地区崛起战略深入推进，中部地区的发展条件逐渐改善，战略地位不断提升。江西省获批成为全国三个生态文明试验区之一，生态文明建设体制机制创新将明显加快。所有这些，为鄱阳湖生态经济区进一步转变发展方式，努力走出一条生态环境和经济社会协调发展的新路子奠定了良好基础。

3.2 鄱阳湖生态经济区粮食生产时序变化分析

作为江西省粮仓，鄱阳湖生态经济区粮食生产对江西省粮食生产贡献比较大，2014年，鄱阳湖生态经济区粮食播种面积 176.56 万 hm^2，占全省粮食总播种面积的 47.79%，粮食总产量 1 018.89 万 t，占全省粮食总产量的 47.53%。可见，研究鄱阳湖生态经济区粮食生产变化将有助于深入把握其粮食生产的变化趋势及其对江西省粮食供求区域均衡的影响，为继续卓有成效实施鄱阳湖生态经济区国家战略提供物质保障，为优化粮食生产布局提供有益的参考依据。粮食单产和播种面积是影响粮食生产的两个基本要素，研究鄱阳湖生态经济区粮食单产和粮食播种面积的时空变化，有助于提高鄱阳湖生态经济区粮食总产量。

考虑到东湖区、西湖区、共青城市、青云谱区、青山湖区、湾里区、昌江区、珠山区、庐山区、临川区、渝水区、浔阳区和月湖区等 13 个地区要么已经完全城市化，不生产粮食，要么城市化水平较高，粮食生产所占比例很低，对研究结果影响不大，故未列入研究范围。因此，本研究选择除以上 13 个地区外的鄱阳湖生态经济区 25 个县（市）为研究对象，分别为南昌县、新建县、安义县、进贤县、浮梁县、乐平市、九江县、武宁县、永修县、德安县、星子县、都昌县、湖口县、彭泽县、瑞昌市、余江县、贵溪市、新干县、丰城市、樟树市、高安市、东乡县、余干县、鄱阳县、万年县。本章将从时间维度和空间维度对鄱阳湖生态经济区 25 个县（市）粮食总产量、粮食播种面积、粮食单产进行深入分析。

3.2.1 粮食总产量

表 3-1 是 1995—2014 年鄱阳湖生态经济区 25 个县（市）粮食总产量最小值、最大值的县（市）及其占 25 个县（市）粮食总产量的百分比情况。总的来说，1998 年鄱阳湖生态经济区 25 个县（市）粮食总产量最少，为 517.33 万 t，其次是 2003 年，为 559.81 万 t。2014 年鄱阳湖生态经济区 25 个县（市）粮食总产量最多，为 1 018.89 万 t，其次是 2013 年，为 1 002.48 万 t。从粮食总产量最小的县（市）来看，瑞昌市、星子县、九江县、彭泽县、德安县等 5 个县（市）分别以粮食总产量最小值出现 1 次、1 次、4 次、3 次和 11 次，且 1996 年瑞昌市粮食总产量占总产量的百分比在这 19 个年份中最小，为 0.02%，其次是 2007 年的德安县，占总产量的百分比为 0.63%。从粮食总产量最大的县（市）来看，

南昌县、鄱阳县、丰城市等 3 个县（市）分别以粮食总产量最大值出现 3 次、5 次、12 次，且 1998 年丰城市粮食总产量占总产量的百分比在这 19 个年份中最大，为 15.09%，其次是 1995 年的丰城市，占总产量的百分比为 12.77%。

表 3-1　鄱阳湖生态经济区粮食总产量统计性描述

年份	粮食总产量最小的县（市）		粮食总产量最大的县（市）		鄱阳湖生态经济区粮食总产量/万 t
	县（市）名称	占比/%	县（市）名称	占比/%	
1995	彭泽县	0.64	丰城市	12.77	596.16
1996	瑞昌市	0.02	南昌县	12.36	663.53
1997	彭泽县	0.80	南昌县	11.92	693.92
1998	彭泽县	0.68	丰城市	15.09	517.33
1999	星子县	0.82	丰城市	12.28	635.50
2000	九江县	0.84	丰城市	12.08	622.23
2001	德安县	0.80	南昌县	12.01	625.79
2002	德安县	0.88	丰城市	11.71	607.13
2003	德安县	0.76	丰城市	11.53	559.81
2004	德安县	0.75	丰城市	10.55	740.09
2005	德安县	0.75	丰城市	10.28	762.20
2006	德安县	0.70	丰城市	10.42	789.23
2007	德安县	0.63	丰城市	10.53	818.57
2008	德安县	0.69	丰城市	10.25	856.69
2009	德安县	0.69	丰城市	10.24	897.46
2010	德安县	0.69	鄱阳县	10.98	920.78
2011	德安县	0.70	鄱阳县	10.63	950.88
2012	九江县	0.66	鄱阳县	10.79	982.53
2013	九江县	0.66	鄱阳县	10.86	1 002.48
2014	九江县	0.67	鄱阳县	10.82	1 018.89

在此基础上，分析鄱阳湖生态经济区粮食总产量的变化趋势（图 3-2），总的来说，1995—2003 年，鄱阳湖生态经济区粮食总产量呈“M”型波动，2004 年开始，鄱阳湖生态经济区粮食总产量持续上升，大致经历了 3 个阶段。第一阶段为 1995—1997 年，粮食总产量稳定提高，由 1995 年的 596.16 万 t 上升到 1997 年的 693.92 万 t，累计上升了 97.76 万 t。第二阶段为 1998—2003 年，粮食总产量总体呈缓慢下降态势。其中，1998 年由于受特大洪涝灾害影响，粮食总产量大幅度减少，锐减至 517.33 万 t，较 1997 年减产 176.59 万 t。1999 年鄱阳湖生态经济区粮食总产量灾后恢复性反弹，上升到 635.50 万 t。随后除 2001 年之外，粮食总产量逐年缓慢下降，2003 年降至 559.81 万 t，较 1999 年累计下降了 75.69 万 t，下降幅度达 11.9%。第三阶段为 2004—2014 年，粮食总产量持续上升。在国家一系列强农、

支农、惠农政策措施刺激下，2004 年开始，鄱阳湖生态经济区粮食总产量持续上升，2014 年粮食总产量达到 1 018.89 万 t，累计上升了 459.08 万 t，增幅达 82.01%。

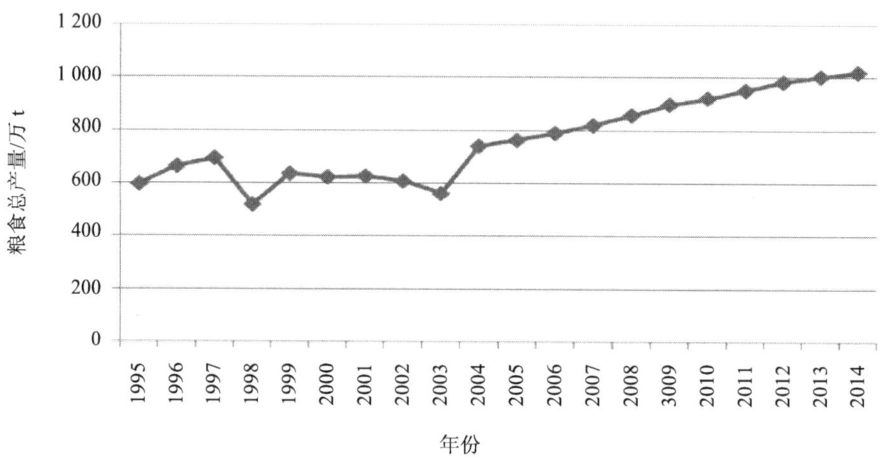

图 3-2 鄱阳湖生态经济区粮食总产量变化情况（1995—2014 年）

3.2.2 粮食播种面积

表 3-2 是 1995—2014 年鄱阳湖生态经济区 25 个县（市）各年粮食播种面积最小值、最大值的县（市）及其占 25 个县（市）粮食总播种面积的百分比统计描述情况。总的来说，2003 年鄱阳湖生态经济区 25 个县（市）粮食总播种面积最少，为 112.86 万 hm^2，其次是 2002 年，为 119.03 万 hm^2；2014 年鄱阳湖生态经济区 25 个县（市）粮食总播种面积最多，为 176.56 万 hm^2，其次是 2013 年，为 158.20 万 hm^2。从粮食播种面积最小的县（市）来看，彭泽县、德安县等 2 个县（市）分别以粮食播种面积最小值出现 2 次、18 次，且 2007 年德安县粮食播种面积占总播种面积的百分比在这 19 个年份中最小，为 0.62%，其次是 2008 年的德安县，占总播种面积的百分比为 0.63%；而从粮食播种面积最大的县（市）来看，鄱阳县、丰城市等 2 个县（市）分别以粮食播种面积最大值出现 6 次、14 次，且 1998 年丰城市粮食播种面积占总播种面积的百分比在这 19 个年份中最大，为 12.25%，其次是 2003 年的丰城市，占总播种面积的百分比为 11.67%。

表 3-2　鄱阳湖生态经济区粮食播种面积情况

年份	粮食播种面积最小的县（市）		粮食播种面积最大的县（市）		鄱阳湖生态经济区粮食总播种面积/万 hm^2
	县（市）名称	占比/%	县（市）名称	占比/%	
1995	彭泽县	0.65	丰城市	11.29	132.59
1996	彭泽县	0.86	丰城市	10.95	135.87
1997	德安县	0.98	丰城市	10.97	136.77
1998	德安县	0.87	丰城市	12.25	125.01
1999	德安县	0.93	丰城市	10.97	135.32
2000	德安县	0.88	丰城市	11.49	127.51
2001	德安县	0.80	丰城市	11.40	123.89
2002	德安县	0.85	丰城市	11.29	119.03
2003	德安县	0.75	丰城市	11.67	112.86
2004	德安县	0.71	丰城市	11.56	136.70
2005	德安县	0.71	丰城市	10.70	139.59
2006	德安县	0.68	丰城市	10.73	139.96
2007	德安县	0.62	丰城市	10.53	140.28
2008	德安县	0.63	丰城市	10.27	145.98
2009	德安县	0.67	鄱阳县	10.24	149.42
2010	德安县	0.68	鄱阳县	11.56	154.56
2011	德安县	0.71	鄱阳县	11.49	156.12
2012	德安县	0.70	鄱阳县	11.43	156.99
2013	德安县	0.67	鄱阳县	11.35	158.20
2014	德安县	0.67	鄱阳县	11.38	176.56

图 3-3 显示了鄱阳湖生态经济区粮食播种面积的变化趋势，从变化趋势来看，1995—2003 年，鄱阳湖生态经济区粮食播种面积呈“M”型变化趋势，2004 年以后，鄱阳湖生态经济区粮食播种面积呈持续上升态势，大致经历了 3 个阶段。第一阶段为 1995—1997 年，鄱阳湖生态经济区粮食播种面积稳定上升，由 1995 年的 132.59 万 hm^2 上升到 1997 年的 136.77 万 hm^2，增加 4.18 万 hm^2。第二阶段为 1998—2003 年，鄱阳湖生态经济区粮食播种面积出现下滑，特别是受 1998 年长江特大洪涝灾害影响，大量农田淹没，粮食播种面积大幅减少至 125.01 万 hm^2，降幅达到 8.60%，虽然 1999 年粮食播种面积出现了恢复性上升，达到 135.32 万 hm^2，但受全国“压粮扩经”政策和种粮效益低下等因素的影响，鄱阳湖生态经济区粮食播种面积不断萎缩，2003 年降至 112.86 万 hm^2，累计减少了 22.46 万 hm^2，降幅达 16.60%。第三阶段为 2004—2014 年，粮食播种面积持续增加。2004 年开始，国家转变粮食支持政策，由以前的间接补贴转为按当年粮食播种面积直接补贴，极大地刺激了农民种粮积极性，鄱阳湖生态经济区粮食播种面积逐年提高，2014 年粮食播种面积达到 176.56 万 hm^2，累计增加了 63.70 万 hm^2，增幅达 56.44%。

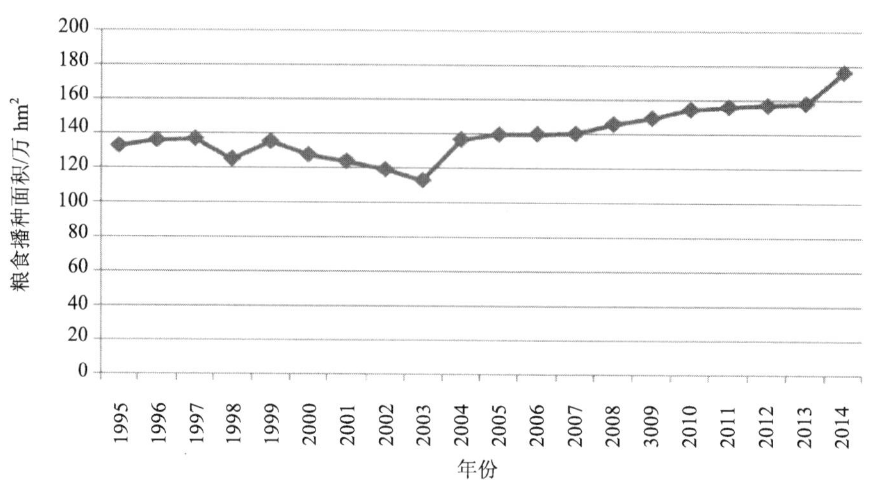

图 3-3　鄱阳湖生态经济区粮食播种面积变化情况（1995—2014 年）

3.2.3　粮食单产

从表 3-3 可以看出，1995—2014 年，鄱阳湖生态经济区 25 个县（市）各年粮食单产最低值、最高值的县（市）及其较当年 25 个县（市）粮食单产平均值的差值统计描述情况。总的来说，1998 年鄱阳湖生态经济区 25 个县（市）粮食单产水平最低，为 4.14 t/hm^2，其次是 1995 年，为 4.50 t/hm^2；2013 年 25 个县（市）粮食单产最高，为 6.34 t/hm^2，其次是 2012 年，为 6.26 t/hm^2。从较当年 25 个县（市）粮食单产平均值的差值最大的县（市）来看，都昌县、永修县、彭泽县、余干县、武宁县、九江县和瑞昌市等 7 个县（市）分别以较当年 25 个县（市）粮食单产平均值的差值最大出现 1 次、1 次、1 次、1 次、2 次、4 次、10 次，且 1998 年永修县较 25 个县（市）粮食单产平均值的差值最多，为−2.00 t/hm^2，其次是 2001 年的瑞昌市，较当年 25 个县（市）粮食单产平均值差值，为−1.81 t/hm^2；而从较当年 25 个县（市）粮食单产平均值的增加值最大的县（市）来看，高安市、永修县和南昌县等 3 个县（市）分别以较当年 25 个县（市）粮食单产平均值的增加值最大值出现 3 次、3 次、14 次，且 1996 年南昌县粮食单产较当年 25 个县（市）粮食单产平均值的增加值最大，为 1.53 t/hm^2，其次是 1999 年的南昌县，较当年 25 个县（市）粮食单产平均值的增加值为 1.48 t/hm^2。

表 3-3 鄱阳湖生态经济区粮食单产的统计性描述 单位：t/hm²

年份	粮食单产最小的县（市）		粮食单产最大的县（市）		鄱阳湖生态经济区粮食单产平均值
	县（市）	与平均值差值	县（市）	与平均值差值	
1995	九江县	−1.60	南昌县	1.16	4.50
1996	九江县	−1.42	南昌县	1.53	4.88
1997	九江县	−1.24	南昌县	1.41	5.07
1998	永修县	−2.00	高安市	1.46	4.14
1999	彭泽县	−1.67	南昌县	1.48	4.70
2000	瑞昌市	−1.71	南昌县	1.21	4.88
2001	瑞昌市	−1.81	南昌县	1.31	5.05
2002	瑞昌市	−1.13	永修县	0.86	5.10
2003	都昌县	−1.30	南昌县	1.03	4.96
2004	九江县	−0.87	南昌县	1.14	5.41
2005	瑞昌市	−1.11	南昌县	1.09	5.46
2006	瑞昌市	−0.91	南昌县	1.05	5.64
2007	武宁县	−0.72	南昌县	0.82	5.84
2008	余干县	−0.85	南昌县	0.81	5.87
2009	瑞昌市	−0.95	高安市	0.81	6.01
2010	瑞昌市	−0.94	高安市	0.83	5.96
2011	瑞昌市	−1.04	南昌县	0.83	6.09
2012	武宁县	−1.06	南昌县	0.74	6.26
2013	瑞昌市	−1.24	永修县	0.87	6.34
2014	瑞昌市	−0.36	永修县	0.76	5.77

图 3-3 显示了鄱阳湖生态经济区粮食单产的变化趋势，从变化趋势来看，1995—2014 年，总的来看，鄱阳湖生态经济区粮食单产大致经历了 3 个阶段。第一阶段为 1995—1997 年，粮食单产快速上升，由 1995 年的 4.50 t/hm² 上升到 1997 年的 5.07 t/hm²，累计上升了 0.57 t/hm²，年均上升 0.285 t/hm²。第二阶段为 1998—2003 年，粮食单产缓慢提高。受 1998 年长江特大洪水的影响，粮食单产水平急剧下降，较 1997 年下降了 0.93 t/hm²，降幅达到 18.34%，随后逐年提高，到 2003 年粮食单产为 4.96 t/hm²，较 1998 年上升了 0.82 t/hm²。其中 2002 年粮食单产（5.10 t/hm²）突破 1997 年的单产水平，但其余年份均未达到其水平。第三阶段为 2004—2014 年，这一阶段，通过积极研发和引进一些国内外先进生产技术，加大科技推广，粮食单产水平得到稳定提高，到 2013 年粮食单产为 6.34 t/hm²，累计上升了 1.38 t/hm²，年均上升 0.138 t/hm²，2014 年粮食单产有所下降，为 5.77 t/hm²。

综上所述，鄱阳湖生态经济区粮食单产的波动趋势与粮食总产量波动趋势大体是一致的（图 3-2、图 3-4），部分年份粮食单产的波动趋势与粮食总产量波动趋势不一致，这是由于湖区粮食总产量的增长、粮食总产量的波动受到粮食播种面积增长和波动的影响很大的原因。

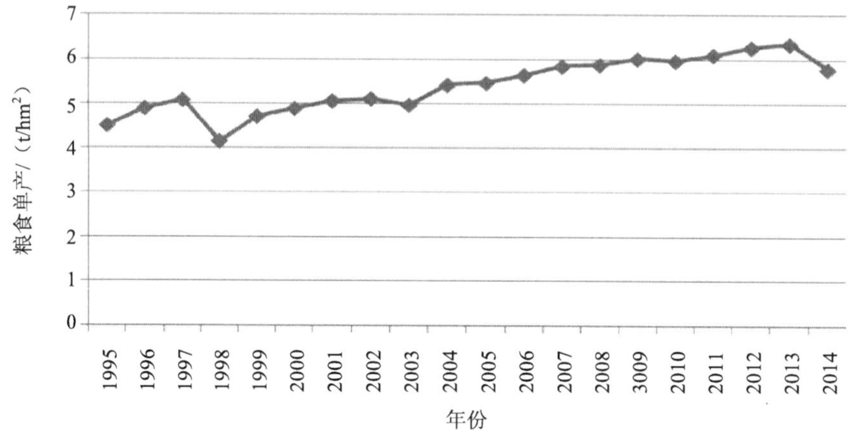

图 3-4　鄱阳湖生态经济区粮食单产变化情况（1995—2014 年）

3.3　鄱阳湖生态经济区粮食生产空间分异分析

3.3.1　粮食总产量

为了更加具体地显示鄱阳湖生态经济区 25 个县（市）粮食总产量空间动态演变情况，本章分别选取 1995、2000、2005、2010、2014 年等 5 个年份的粮食总产量数据，将鄱阳湖生态经济区 25 个县（市）进行分类，具体以粮食总产量小于 20 万 t、20 万～40 万 t、大于 40 万 t 的分类标准将该地区 25 个县（市）进行分类（表 3-4、表 3-5）。

从分类结果来看，粮食总产量小于 20 万 t 的县（市），1995 年 13 个，2000 年 14 个，2005 年 11 个，2010 年 9 个，2014 年 9 个，整体呈减少的变化趋势；粮食总产量处于 20 万～40 万 t 的县（市），1995 年 8 个，2000 年 7 个，2005 年 7 个，2010 年 8 个，2014 年 6 个，整体也呈减少的变化趋势；粮食总产量大于 40 万 t 的县（市），1995 年 4 个，2000 年 4 个，2005 年 7 个，2010 年 8 个，2014 年 10 个，整体呈快速上升的变化趋势。

表 3-4 鄱阳湖生态经济区粮食总产量空间格局演变（1995—2014 年）

粮食总产量	1995 年	2000 年	2005 年	2010 年	2014 年
<20.00 万 t	彭泽县 武宁县 九江县 安义县 德安县 万年县 星子县 乐平市 湖口县 余江县 瑞昌市 永修县 都昌县	九江县 武宁县 德安县 乐平市 星子县 万年县 瑞昌市 永修县 彭泽县 余江县 湖口县 都昌县 安义县 东乡县	德安县 安义县 九江县 武宁县 瑞昌市 乐平市 星子县 永修县 彭泽县 万年县 湖口县	德安县 彭泽县 九江县 安义县 星子县 武宁县 瑞昌市 乐平市 湖口县	九江县 湖口县 德安县 武宁县 星子县 浮梁县 瑞昌市 安义县 彭泽县
20.00 万～40.00 万 t	东乡县 新建县 新干县 进贤县 贵溪市 樟树市 浮梁县 余干县	新干县 樟树市 贵溪市 新建县 浮梁县 余干县 进贤县	余江县 都昌县 东乡县 浮梁县 新干县 进贤县 贵溪市	万年县 新干县 余江县 贵溪市 永修县 浮梁县 东乡县 都昌县	万年县 东乡县 永修县 新干县 余江县 贵溪市
>40.00 万 t	鄱阳县 南昌县 高安市 丰城市	鄱阳县 南昌县 高安市 丰城市	樟树市 鄱阳县 余干县 南昌县 新建县 丰城市 高安市	进贤县 高安市 樟树市 南昌县 新建县 丰城市 余干县 鄱阳县	都昌县 高安市 乐平市 余干县 进贤县 南昌县 樟树市 丰城市 新建县 鄱阳县

3.3.2 粮食播种面积

本章分别选取 1995、2000、2005、2010、2014 年等 5 个年份的粮食播种面积数据，将鄱阳湖生态经济区 25 个县（市）进行分类，具体以粮食播种面积小于 5 万 hm^2、5 万～10 万 hm^2、大于 10 万 hm^2 的分类标准将该地区 25 个县（市）进行分类（表 3-6、表 3-7）。

从分类结果来看，粮食播种面积小于 5 万 hm^2 的县（市），1995 年 15 个，2000 年 15 个，2005 年 13 个，2010 年 13 个，2014 年 13 个，整体呈减少的变化趋势；粮食播种面积处于 5 万～10 万 hm^2 的县（市），1995 年 7 个，2000 年 8 个，2005 年 8 个，2010 年 7 个，2014 年 7 个，整体保持稳定；粮食播种面积大于 10 万 hm^2 的县（市），1995 年 3 个，2000 年 2 个，2005 年 4 个，2010 年 5 个，2014 年 5 个，整体呈增加的变化趋势。

表 3-5　鄱阳湖生态经济区 25 个县（市）粮食总产量情况

单位：万 t

地区	1995	1996	1997	1998	1999	2000	2001	2002	2003	2004	2005	2006	2007	2008	2009	2010	2011	2012	2014
南昌县	73.43	82.02	82.75	48.88	77.81	73.08	75.13	67.24	56.95	75.57	78.18	79.78	80.30	81.03	81.71	78.86	90.11	90.54	94.84
新建县	29.99	39.18	41.08	20.72	34.22	34.60	35.42	36.41	30.55	49.22	54.70	59.02	63.07	65.34	64.57	61.69	63.04	62.54	63.94
安义县	12.60	14.42	14.73	13.47	14.06	12.16	12.23	11.52	9.11	13.28	10.81	12.30	12.70	14.25	15.38	15.53	16.55	18.81	19.03
进贤县	30.31	35.04	35.56	25.53	29.39	29.09	30.11	29.25	26.85	36.55	37.65	40.03	43.69	46.99	48.33	48.30	50.47	52.75	54.63
浮梁县	28.00	30.69	31.08	24.53	28.07	27.00	26.22	26.46	25.26	32.62	32.59	33.08	34.78	36.25	37.73	38.47	16.21	17.10	17.78
乐平市	15.40	15.00	15.51	14.10	14.75	14.15	13.58	12.40	11.50	13.80	13.66	13.50	13.56	14.91	15.59	16.08	39.20	40.13	41.65
九江县	3.96	5.90	6.78	5.44	6.42	5.21	5.56	5.57	4.55	5.92	6.13	6.01	6.06	6.57	6.58	6.84	6.87	6.45	6.82
武宁县	11.69	13.54	14.25	11.34	12.62	12.21	11.97	11.47	10.08	12.41	13.08	13.33	13.52	14.52	15.52	15.57	15.71	15.05	14.86
永修县	16.20	16.33	17.55	5.45	16.24	16.19	16.12	16.56	14.18	17.32	15.34	17.72	19.40	20.31	23.32	23.50	23.51	23.91	25.59
德安县	4.35	5.55	6.52	3.96	5.28	5.58	5.00	5.32	4.25	5.57	5.74	5.52	5.15	5.88	6.22	6.40	6.64	6.81	7.08
星子县	4.82	6.31	7.07	3.55	5.24	5.78	5.99	5.98	5.27	6.90	7.14	7.08	7.38	7.71	8.07	7.69	8.02	7.79	8.12
都昌县	11.54	17.61	21.58	8.28	15.95	18.95	18.97	19.07	15.11	24.22	32.22	36.08	36.09	37.54	38.48	38.85	39.48	40.02	41.10
湖口县	5.17	6.89	9.41	4.93	6.72	8.08	7.77	6.74	6.45	9.10	8.93	9.06	9.41	9.88	10.58	10.58	10.67	11.10	11.31
彭泽县	3.84	4.27	5.53	3.50	5.68	6.28	6.23	6.29	5.45	7.68	7.81	8.42	8.47	9.04	10.46	10.85	11.30	10.24	10.71
瑞昌市	6.77	8.72	9.18	6.78	8.14	6.11	6.12	5.42	5.45	7.79	7.04	7.35	7.25	7.69	8.00	8.12	8.43	8.82	9.99
余江县	15.77	18.47	18.33	14.10	17.47	17.78	18.01	17.74	17.47	20.84	20.49	20.92	21.29	22.41	23.85	23.13	24.80	27.73	27.70
贵溪市	24.87	26.24	26.66	24.53	26.73	26.61	27.41	26.95	26.73	31.19	30.76	30.90	31.63	33.55	35.53	35.08	35.19	35.88	36.08
新干县	21.71	22.91	23.75	24.00	24.06	23.72	23.02	22.21	21.74	25.92	27.64	28.45	29.64	31.00	32.90	33.03	34.03	34.45	37.60
丰城市	76.13	77.66	78.06	78.08	78.07	75.15	73.38	71.07	64.56	78.11	78.35	82.26	86.16	87.78	91.90	100.60	100.38	104.91	106.74
樟树市	35.10	36.31	36.37	35.38	35.46	34.38	32.65	32.68	32.57	43.83	45.71	47.68	49.64	51.63	54.10	53.93	54.71	57.33	58.90
高安市	48.51	50.49	51.09	49.58	52.34	51.08	50.40	50.77	49.62	58.10	61.20	62.75	65.95	68.61	71.92	72.21	70.21	72.18	73.82
东乡县	21.69	22.72	22.71	21.48	22.43	19.41	19.64	18.43	18.02	24.03	24.23	25.23	26.37	28.48	29.21	25.56	26.79	28.23	30.88
余干县	36.25	43.51	43.39	28.82	38.88	36.65	39.31	39.39	38.76	54.08	54.18	54.57	55.93	58.13	62.74	66.60	75.00	79.80	84.70
鄱阳县	43.09	56.45	58.61	26.90	43.80	47.14	49.79	46.80	44.81	67.00	69.58	69.11	71.03	76.01	81.56	101.10	101.10	106.02	110.23
万年县	14.98	15.88	16.40	14.00	15.67	15.83	15.75	15.41	14.54	19.03	19.05	19.08	20.09	21.19	23.22	22.22	22.46	23.94	24.79

注：粮食总产量数据来源于《江西统计年鉴》及相关设区市统计年鉴。

表 3-6 鄱阳湖生态经济区粮食播种面积空间格局演变（1995—2014 年）

粮食播种面积	1995 年	2000 年	2005 年	2010 年	2014 年
＜5.00 万 hm^2	彭泽县 武宁县 德安县 万年县 湖口县 永修县 星子县 余江县 九江县 都昌县 瑞昌市 东乡县 安义县 新干县 乐平市	德安县 武宁县 星子县 永修县 彭泽县 万年县 九江县 余江县 湖口县 东乡县 瑞昌市 新干县 安义县 都昌县 乐平市	德安县 乐平市 星子县 武宁县 九江县 永修县 彭泽县 万年县 瑞昌市 余江县 湖口县 东乡县 安义县	德安县 安义县 九江县 武宁县 星子县 永修县 瑞昌市 万年县 彭泽县 余江县 湖口县 东乡县 乐平市	德安县 武宁县 九江县 安义县 星子县 永修县 彭泽县 万年县 瑞昌市 余江县 湖口县 东乡县 浮梁县
5.00 万～10.00 万 hm^2	浮梁县 余干县 贵溪市 进贤县 樟树市 高安市 新建县	浮梁县 进贤县 贵溪市 余干县 樟树市 高安市 新建县 鄱阳县	新干县 樟树市 都昌县 进贤县 贵溪市 新建县 浮梁县 余干县	新干县 樟树市 浮梁县 进贤县 贵溪市 新建县 都昌县	新干县 樟树市 乐平市 进贤县 贵溪市 新建县 都昌县
＞10.00 万 hm^2	鄱阳县 丰城市 南昌县	南昌县 丰城市	高安市 鄱阳县 南昌县 丰城市	高安市 丰城市 南昌县 鄱阳县 余干县	高安市 丰城市 南昌县 鄱阳县 余干县

3.3.3 粮食单产

本章分别选取 1995、2000、2005、2010、2014 年等 5 个年份的粮食单产数据，将鄱阳湖生态经济区 25 个县（市）进行分类，具体以粮食单产小于 4 t/hm^2、4～6 t/hm^2、大于 6 t/hm^2 的分类标准将该地区 25 个县（市）进行分类（表 3-8、表 3-9）。

从分类结果来看，粮食单产小于 4 t/hm^2 的县（市），1995 年 10 个，2000 年 4 个，2005、2010 年和 2014 年均为 0 个，整体呈减少的变化趋势；粮食单产处于 4～6 t/hm^2 的县（市），1995 年 15 个，2000 年 20 个，2005 年 23 个，2010 年 15 个，2014 年 5 个，整体呈先增加后减少的变化趋势；粮食单产大于 6 t/hm^2 的县（市），1995 年 0 个，2000 年 1 个，2005 年 2 个，2010 年 10 个，2014 年 20 个，整体呈快速增加的变化趋势。

表 3-7　鄱阳湖生态经济区 25 个县（市）播种面积情况

单位：万 hm^2

地区	1995	1996	1997	1998	1999	2000	2001	2002	2003	2004	2005	2006	2007	2008	2009	2010	2011	2012	2014
南昌县	12.98	12.80	12.77	11.88	12.59	12.00	11.82	11.42	9.52	11.53	11.94	11.92	12.05	12.14	12.23	12.46	13.02	12.94	13.06
新建县	8.00	8.24	8.40	7.42	7.88	7.46	7.51	7.61	7.28	8.74	9.05	9.41	9.69	9.84	9.72	9.94	9.92	9.48	9.46
安义县	2.94	2.93	2.95	2.90	2.88	2.49	2.39	2.17	1.86	2.34	2.40	2.42	2.40	2.65	2.66	2.70	2.87	3.17	3.08
进贤县	8.74	8.98	8.84	8.17	8.25	7.59	7.35	7.06	6.37	7.76	7.99	7.90	8.10	8.57	8.64	8.58	8.57	8.62	8.62
浮梁县	6.17	5.88	5.97	5.82	5.86	5.52	5.25	5.17	5.01	5.63	5.86	5.86	5.88	6.07	6.09	6.14	2.66	2.77	2.78
乐平市	3.18	3.20	3.22	3.15	3.16	2.83	2.69	2.45	2.31	2.56	2.57	2.50	2.43	2.57	2.63	2.66	6.19	6.13	6.22
九江县	1.37	1.70	1.77	1.58	1.84	1.53	1.39	1.35	1.10	1.28	1.37	1.25	1.15	1.23	1.21	1.14	1.23	1.17	1.16
武宁县	3.23	3.46	3.42	3.20	3.24	2.91	2.69	2.56	2.29	2.65	2.68	2.68	2.70	2.76	2.87	2.88	2.96	2.90	2.83
永修县	3.64	3.30	3.36	2.54	3.23	3.05	2.91	2.78	2.42	2.72	2.98	3.09	3.06	3.17	3.45	3.61	3.53	3.46	3.53
德安县	1.11	1.27	1.34	1.09	1.26	1.12	0.99	1.01	0.85	0.97	1.00	0.95	0.86	0.92	1.01	1.05	1.12	1.11	1.05
星子县	1.31	1.43	1.46	1.24	1.42	1.37	1.34	1.31	1.22	1.26	1.34	1.32	1.28	1.32	1.33	1.35	1.37	1.34	1.33
都昌县	3.74	4.47	4.98	3.50	5.01	4.92	4.52	4.59	4.13	5.01	5.70	6.05	6.05	6.45	6.41	6.71	6.70	6.76	6.77
湖口县	1.27	1.67	1.95	1.62	1.77	1.82	1.66	1.48	1.40	1.79	1.80	1.78	1.80	1.86	1.92	1.92	1.91	1.94	1.90
彭泽县	0.86	1.17	1.40	1.32	1.87	1.46	1.42	1.38	1.25	1.48	1.59	1.61	1.55	1.53	1.66	1.76	1.81	1.64	1.71
瑞昌市	1.82	2.21	2.25	2.05	2.23	1.93	1.92	1.36	1.25	1.49	1.62	1.55	1.43	1.47	1.58	1.62	1.67	1.69	1.85
余江县	3.71	3.73	3.74	3.15	3.80	3.73	3.48	3.38	3.31	3.87	3.83	3.83	3.80	4.01	4.15	4.17	4.21	4.43	4.41
贵溪市	6.26	6.02	5.77	5.82	6.16	5.63	5.54	5.30	5.20	5.77	5.83	5.94	5.94	6.06	6.51	6.42	6.47	6.49	5.97
新干县	4.61	4.73	4.80	4.85	4.78	4.56	4.39	4.32	4.31	5.05	5.28	5.31	5.29	5.56	5.58	5.65	5.66	5.67	5.70
丰城市	14.96	14.87	15.00	15.31	14.84	14.65	14.12	13.44	13.17	15.81	14.94	15.02	14.77	14.99	15.29	15.79	15.79	16.43	16.45
樟树市	6.75	6.86	6.87	6.84	6.81	6.72	6.38	6.31	6.17	7.47	7.65	7.66	7.68	7.91	7.97	8.24	8.34	8.38	8.42
高安市	8.82	8.87	8.91	8.86	9.21	9.16	9.07	8.96	8.80	10.03	10.27	10.28	10.45	10.44	10.55	10.63	10.65	10.74	10.81
东乡县	4.27	4.32	4.31	4.39	4.49	4.06	3.76	3.46	3.43	4.23	4.38	4.45	4.49	4.62	4.73	4.71	4.72	4.68	4.75
余干县	8.23	8.73	8.51	6.46	8.23	8.20	8.10	8.04	7.79	9.63	9.70	9.84	9.98	11.59	12.14	12.68	12.91	13.05	14.00
鄱阳县	11.27	11.63	11.26	8.34	11.01	9.43	9.81	8.94	9.40	14.06	14.22	13.70	13.85	14.67	15.29	17.87	17.94	17.94	18.00
万年县	3.35	3.41	3.52	3.50	3.50	3.40	3.35	3.19	3.04	3.59	3.62	3.62	3.60	3.59	3.79	3.89	3.90	4.05	4.32
均值	5.30	5.43	5.47	5.00	5.41	5.10	4.96	4.76	4.51	5.47	5.58	5.60	5.61	5.84	5.98	6.18	6.24	6.28	13.06

注：表中的粮食播种面积数据来源于《江西省统计年鉴》及相关地区统计年鉴。

表 3-8 鄱阳湖生态经济区粮食单产空间格局演变（1995—2014 年）

粮食单产	1995 年	2000 年	2005 年	2010 年	2014 年
＜4 t/hm^2	九江县 瑞昌市 都昌县 新建县 进贤县 鄱阳县 武宁县 德安县 星子县 贵溪市	瑞昌市 进贤县 九江县 都昌县	—	—	—
4.00～6.00 t/hm^2	湖口县 新干县 余江县 乐平市 安义县 东乡县 余干县 丰城市 彭泽县 樟树市 永修县 高安市 万年县 南昌县 浮梁县	武宁县 安义县 星子县 浮梁县 彭泽县 德安县 湖口县 乐平市 余干县 鄱阳县 新建县 樟树市 万年县 丰城市 贵溪市 新干县 余江县 永修县 东乡县 高安市	瑞昌市 贵溪市 九江县 乐平市 安义县 星子县 进贤县 余江县 武宁县 东乡县 鄱阳县 浮梁县 彭泽县 余干县 湖口县 都昌县 永修县 德安县 新干县 高安市 丰城市 樟树市 万年县	瑞昌市 鄱阳县 余干县 星子县 武宁县 万年县 东乡县 安义县 贵溪市 都昌县 湖口县 新干县 余江县 九江县 进贤县	万年县 瑞昌市 九江县 武宁县 湖口县
＞6.00 t/hm^2	—	南昌县	新建县 南昌县	乐平市 南昌县 德安县 丰城市 彭泽县 永修县 新建县 樟树市 浮梁县 高安市	安义县 德安县 星子县 都昌县 余江县 乐平市 进贤县 新建县 彭泽县 高安市 浮梁县 樟树市 东乡县 南昌县 新干县 永修县 丰城市 余干县 贵溪市 鄱阳县

表 3-9　1995—2014 年鄱阳湖生态经济区 25 个县（市）粮食单产情况

单位：t/hm^2

地区	1995	1996	1997	1998	1999	2000	2001	2002	2003	2004	2005	2006	2007	2008	2009	2010	2011	2012	2014
南昌县	5.66	6.41	6.48	4.12	6.18	6.09	6.36	5.89	5.99	6.55	6.55	6.69	6.66	6.68	6.68	6.33	6.92	7.00	7.26
新建县	3.75	4.76	4.89	2.79	4.34	4.64	4.71	4.78	4.20	5.63	6.04	6.27	6.51	6.64	6.64	6.21	6.36	6.60	6.76
安义县	4.29	4.93	4.99	4.64	4.88	4.88	5.11	5.32	4.90	5.67	4.51	5.09	5.29	5.37	5.78	5.76	5.77	5.94	6.19
进贤县	3.47	3.90	4.02	3.12	3.56	3.83	4.09	4.14	4.21	4.71	4.71	5.07	5.40	5.48	5.60	5.63	5.89	6.12	6.34
浮梁县	4.54	5.22	5.21	4.22	4.79	4.89	5.00	5.11	5.05	5.80	5.57	5.65	5.91	5.97	6.19	6.27	6.10	6.17	6.39
乐平市	4.85	4.68	4.82	4.48	4.67	5.00	5.05	5.07	4.98	5.40	5.31	5.40	5.59	5.81	5.93	6.06	6.33	6.54	6.70
九江县	2.90	3.46	3.83	3.44	3.50	3.40	3.99	4.12	4.12	4.64	4.48	4.81	5.26	5.34	5.42	5.98	5.57	5.52	5.90
武宁县	3.63	3.92	4.16	3.54	3.90	4.20	4.45	4.47	4.40	4.68	4.89	4.98	5.02	5.25	5.41	5.41	5.32	5.18	5.25
永修县	4.45	4.95	5.22	2.14	5.02	5.31	5.53	5.96	5.87	6.37	5.14	5.74	6.35	6.40	6.76	6.51	6.66	6.91	7.25
德安县	3.92	4.35	4.85	3.62	4.19	4.97	5.03	5.28	5.00	5.74	5.77	5.81	5.97	6.37	6.19	6.11	5.95	6.16	6.73
星子县	3.68	4.41	4.84	2.87	3.68	4.21	4.47	4.57	4.33	5.49	5.33	5.38	5.78	5.86	6.04	5.69	5.84	5.83	6.09
都昌县	3.09	3.94	4.34	2.37	3.18	3.85	4.20	4.16	3.66	4.84	5.66	5.96	5.96	5.82	6.00	5.79	5.89	5.92	6.07
湖口县	4.08	4.12	4.82	3.04	3.81	4.45	4.67	4.56	4.60	5.10	4.95	5.09	5.24	5.32	5.51	5.51	5.60	5.71	5.96
彭泽县	4.45	3.66	3.96	2.65	3.03	4.30	4.37	4.57	4.35	5.19	4.91	5.22	5.48	5.92	6.31	6.16	6.23	6.26	6.26
瑞昌市	3.72	3.95	4.07	3.31	3.66	3.17	3.18	3.97	4.36	5.22	4.35	4.73	5.07	5.24	5.06	5.02	5.05	5.20	5.41
余江县	4.25	4.96	4.90	4.48	4.59	4.77	5.17	5.25	5.28	5.38	5.34	5.46	5.60	5.59	5.75	5.55	5.89	6.26	6.29
贵溪市	3.97	4.36	4.62	4.22	4.34	4.73	4.95	5.08	5.15	5.40	5.28	5.20	5.32	5.54	5.46	5.46	5.44	5.53	6.05
新干县	4.71	4.84	4.95	4.95	5.03	5.20	5.24	5.14	5.04	5.13	5.24	5.36	5.61	5.57	5.90	5.85	6.01	6.08	6.60
丰城市	5.09	5.22	5.20	5.10	5.26	5.13	5.20	5.29	4.90	4.94	5.24	5.48	5.83	5.86	6.01	6.37	6.36	6.38	6.50
樟树市	5.20	5.29	5.29	5.17	5.21	5.12	5.12	5.18	5.28	5.87	5.98	6.22	6.46	6.53	6.79	6.55	6.56	6.84	6.49
高安市	5.50	5.69	5.73	5.60	5.68	5.58	5.56	5.67	5.64	5.79	5.96	6.10	6.31	6.57	6.82	6.79	6.59	6.72	7.00
东乡县	5.07	5.26	5.27	4.89	5.00	4.78	5.22	5.32	5.25	5.68	5.53	5.66	5.87	6.17	6.17	5.43	5.68	6.03	6.83
余干县	4.40	4.99	5.10	4.46	4.72	4.47	4.85	4.90	4.97	5.62	5.59	5.54	5.60	5.02	5.17	5.25	5.81	6.11	6.05
鄱阳县	3.82	4.85	5.21	3.23	3.98	5.00	5.08	5.24	4.77	4.77	4.89	5.04	5.13	5.18	5.33	5.66	5.64	5.91	6.12
万年县	4.47	4.65	4.67	4.00	4.48	4.66	4.71	4.83	4.79	5.31	5.27	5.27	5.59	5.91	6.13	5.71	5.76	5.91	5.73

注：表中的粮食单产数据来源于《江西省统计年鉴》及相关地区统计年鉴计算得到的。

3.4 本章小结

本章首先从区位特征、自然条件、资源情况、产业发展状况和发展面临的重大挑战与机遇等方面对鄱阳湖生态经济区进行了全面阐述，其次探讨了鄱阳湖生态经济区粮食总产量、粮食播种面积和粮食单产的时序变化情况，最后对鄱阳湖生态经济区粮食总产量、粮食播种面积和粮食单产的空间分析情况进行了分析，得到以下结论：

（1）《鄱阳湖生态经济区发展规划》是江西省第一个上升为国家战略的区域发展规划，对于如何更好地“保护一湖清水”，实现经济发展与生态保护的协调发展起到了良好的示范引领作用，为整个江西省经济社会的持续、快速、健康、稳定发展奠定了坚实基础。

（2）从时间维度看，鄱阳湖生态经济区粮食播种面积、粮食单产和粮食总产量均大致经历了相同的 3 个阶段。其中，1995—1997 年为第一阶段，粮食播种面积稳定提高，粮食单产快速上升，粮食总产量稳定增加；1998—2003 年为第二阶段，粮食播种面积不断萎缩，粮食单产水平缓慢提高，粮食总产量呈下降态势；2004—2014 年为第三阶段，粮食播种面积持续增加，粮食单产稳定提高，粮食总产量持续增长，并达到历史最高水平。

（3）从空间维度看，鄱阳湖生态经济区 25 个县（市）中粮食总产量、粮食播种面积、粮食单产等均呈不同程度的增加或提升。

第4章 鄱阳湖生态经济区粮食全要素生产率分析

4.1 引言

粮食是人类赖以生存和发展的物质基础，作为一种极其重要的战略资源，粮食问题直接关系到社会稳定和国民经济发展。在人口增长、工业化和城镇化快速发展、耕地非农化以及耕地扩展有限的背景下，粮食生产的压力越来越大。因此，如何合理优化资源配置，协调好人口、资源和环境的矛盾，提高粮食生产效率，增加粮食产出，一直是学术界研究的热点。

国内学者对于粮食技术效率和全要素生产率已经进行了多方面的研究。孟令杰基于数据包络分析法（data envelopment analysis，DEA）对国内各小麦产区的综合技术效率、规模效率和纯技术效率进行测算，认为科研投入是小麦增产的关键。王明利运用基于DEA-Malmquist 指数对我国不同种类水稻进行分析，测算结果表明水稻生产率变动的最直接因素是技术进步的变化。杨春运用 DEA-Malmquist 指数分析方法，实证分析了我国玉米全要素生产率（total factor productivity，TFP）增长状况，结果显示我国玉米 TFP 的平均增长率为 3.7%，并呈现 U 型增长趋势。司伟借助随机前沿法（stochastical frontier analysis，SFA）分析了我国大豆生产全要素生产率、技术效率和技术进步的变动趋势及其空间分布特征。闵锐运用序列 DEA 分析方法对湖北省粮食生产 TFP 进行测算，结果表明湖北省粮食生产 TFP 增长主要体现为技术进步单独驱动的模式，技术效率改进的作用相对有限。周明华以我国 29 个省区市的粮食投入产出面板数据和基于 DEA-Malmquist 指数法，对粮食生产 TFP 进行测算与分解，结果表明我国粮食 TFP 总体上升，技术进步和技术效率指数都实现正增长。

从现有文献来看，国内在粮食全要素生产率研究尺度上，多以国家或省域为主，研究方法多采用目前比较成熟的 DEA-Malmquist 指数模型。2009 年 12 月 12 日，国务院正式批复《鄱阳湖生态经济区规划》，将建设鄱阳湖生态经济区上升为国家战略，并要求以促进生态和经济协调发展为主线，努力把鄱阳湖地区建设成为全国生态文明与经济社会发展协调统一、人与自然和谐相处的生态经济示范区。规划获批以来，一些学者对鄱阳湖生态经济区粮食进行了研究，张利国通过灰色关联模型分析了影响鄱阳湖生态经济区粮食生产的农业生产条件。廖慧嫔等用作物学原理分析了粮食生产波动的原因。朱再昱等通过相关分析、主成分分析和通径分析探讨了粮食总产量的影响因素。但是，这些文献著作鲜有对鄱阳湖生态经济区粮食生产技术进步和全要素生产率变化趋势的研究，同时对鄱阳湖生态经济区粮食全要素生产率在区域之间差异研究较少以及空间的演变分析较少。由于统计资料所限，再加上市辖区普遍城市化程度较高，农业生产比例很低，对分析结果影响不大，因此，本研究选择鄱阳湖生态经济区 25 个县（市）2001—2014 年的面板数据，采用非参数的 DEA-Malmquist 指数模型对粮食全要素生产率进行测算，旨在探索该区域粮食生产效率基本情况，弄清鄱阳湖生态经济区粮食全要素生产率的时空演变过程，进一步分析鄱阳湖生态经济区粮食全要素生产率变化的驱动因素，在此基础上，根据变异系数法，通过鄱阳湖生态经济区 25 个县（市）粮食全要素生产率，测算出鄱阳湖生态经济区 25 个县（市）整体的粮食全要素生产率的变异系数，旨在分析粮食全要素生产率在鄱阳湖生态经济区 25 个县（市）中的差异性，为提高鄱阳湖生态经济区粮食生产效率提供理论依据。

4.2 研究方法和数据来源

4.2.1 研究方法

（1）Malmquist 指数

Malmquist 指数运用距离函数来定义，距离函数是 Farrell 技术效率的倒数。t 时期产出指标变量的距离函数如下：

$$d_0^t(\boldsymbol{x}^t, \boldsymbol{y}^t) = \inf\left\{\theta : (\boldsymbol{x}^t, \boldsymbol{y}^t / \theta) \in L^t\right\} = \left\{\sup\left[\theta : (\boldsymbol{x}^t, \boldsymbol{y}^t / \theta) \in L^t\right]\right\}^{-1} \tag{4-1}$$

式中，$\boldsymbol{x}^t$，$\boldsymbol{y}^t$ 分别是 t 时期的投入和产出变量矩阵；θ是面向产出的效率指标；L^t 为生产可能性集合，其中每一个给定投入的最大产出子集又被称为生产技术的前沿。

Malmquist 指数是利用距离函数的比值来计算的，为了定义该指数，还需要 t+1 时期的距离函数：

$$d_0^{t+1}(\boldsymbol{x}^{t+1},\boldsymbol{y}^{t+1})=\inf\left\{\theta:(\boldsymbol{x}^{t+1},\boldsymbol{y}^{t+1}/\theta)\in L^t\right\}=\left\{\sup\left[\theta:(\boldsymbol{x}^{t+1},\boldsymbol{y}^{t+1}/\theta)\in L^{t+1}\right]\right\}^{-1} \quad (4\text{-}2)$$

基于 t 时期和基于产出的 Malmquist 指数定义为

$$M_0{}^t\left(X^t,Y^t,X^{t+1},Y^{t+1}\right)=\frac{D_0{}^{\mathrm{t}}(X^{t+1},Y^{t+1})}{D_0{}^t(X^t,Y^t)} \quad (4\text{-}3)$$

式中，$D_0^t\left(X^t,Y^t\right)$代表基于第 t 期技术表示的当期技术效率水平；$D_0^t\left(X^{t+1},Y^{t+1}\right)$代表基于第 t 期技术表示的第 t+1 期技术效率水平。

类似的，可以将第 t+1 期和基于产出的 Malmquist 指数定义为

$$M_0{}^{t+1}\left(X^t,Y^t,X^{t+1},Y^{t+1}\right)=\frac{D_0{}^{\mathrm{t+1}}(X^{t+1},Y^{t+1})}{D_0{}^{t+1}(X^t,Y^t)} \quad (4\text{-}4)$$

式中，$D_0^{t+1}\left(X^t,Y^t\right)$代表基于第 t+1 期技术表示的第 t 期技术效率水平；$D_0^{t+1}\left(X^{t+1},Y^{t+1}\right)$代表基于第 t+1 期技术表示的当期技术效率水平。

为了避免基准期不同对结果造成的影响，Fare 等用第 t 期和 t+1 期的 Malmquist 指数的几何平均值来计算产出全要素生产率 TFP 指数：

$$\begin{aligned}M_0{}^{t,t+1}(X^t,Y^t,X^{t+1},Y^{t+1})&=\left(\frac{D_0{}^t(X^{t+1},Y^{t+1})}{D_0{}^t(X^t,Y^t)}\times\frac{D_0{}^{t+1}(X^{t+1},Y^{t+1})}{D_0{}^{t+1}(X^t,Y^t)}\right)^{1/2}\\&=\frac{D_0{}^{t+1}(X^{t+1},Y^{t+1})}{D_0{}^t(X^t,Y^t)}\times\left(\frac{D_0{}^t(X^{t+1},Y^{t+1})}{D_0{}^{t+1}(X^{t+1},Y^{t+1})}\times\frac{D_0{}^t(X^t,Y^t)}{D_0{}^{t+1}(X^t,Y^t)}\right)^{1/2}\\&=\mathrm{Ech}\times\mathrm{Tch}\end{aligned} \quad (4\text{-}5)$$

式中，Ech 代表技术效率，测度了从第 t 时期到 t+1 时期每个观察对象到最佳生产前沿边界的追赶程度；Tch 代表技术进步，测度了观察对象从第 t 时期到 t+1 时期的转移。

以上全要素生产率分解是基于规模报酬不变（CRS）的假设。在规模报酬可变（VRS）的假设下，技术效率可进一步分解为纯技术效率和规模效率。式（4-5）可进一步分解为

$$M_0^{t,t+1}\left(X^t,Y^t,X^{t+1},Y^{t+1}\right)=\frac{D_0^{t+1}(X^{t+1},Y^{t+1},C)/D_0^{t+1}(X^{t+1},Y^{t+1},V)}{D_0^{t}(X^{t},Y^{t},C)/D_0^{t}(X^{t},Y^{t},V)}\times\frac{D_0^{t+1}(X^{t+1},Y^{t+1},V)}{D_0^{t}(X^{t},Y^{t},V)}$$
$$\times\left(\frac{D_0^{t}(X^{t+1},Y^{t+1})}{D_0^{t+1}(X^{t+1},Y^{t+1})}\times\frac{D_0^{t}(X^{t},Y^{t})}{D_0^{t+1}(X^{t},Y^{t})}\right)^{1/2} \tag{4-6}$$
$$=\text{PEch}\times\text{SEch}\times\text{Tch}$$

式中，C 代表规模报酬不变；V 代表规模报酬变化；PEch 代表纯技术效率；SEch 代表规模效率。当 $M_0^{t,t+1}>1$ 时，表示从 t 时期到 $t+1$ 时期全要素生产率增长，当 $M_0^{t,t+1}<1$ 时，表示全要素生产率下降，当 $M_0^{t,t+1}=1$ 时，表示全要素生产率保持不变。

（2）变异系数模型

变异系数是衡量区域某一要素相对差异的常用指标，其值越大，说明地区间差某指标距越大，反之，则地区间某指标差距越小。本研究运用变异系数测度鄱阳湖 25 个县（市）粮食属性相对差异在时间序列上的演变特征，其计算公式如下：

$$S_t=\sqrt{\sum_{i=1}^{n}\left(Y_{it}-\overline{Y}_t\right)^2\Big/n}\,,\quad V_t=S_t\big/\overline{Y}_t \tag{4-7}$$

式中，S_t 为标准差；$\overline{Y}_t$ 为 t 年份的鄱阳湖 25 个县（市）粮食属性；n 为县（市）的个数；V_t 为变异系数。

（3）探索性空间数据分析（ESDA）方法

该方法以空间关联性测度为核心，通过探索地域空间聚集分布情况与奇异观测值，揭示空间变量的区域结构形态，是用来判断某地区某一属性值与其相邻空间地区属性值是否相关联的重要指标，若为正相关，说明某地区某一属性与其相邻空间地区该属性值具有相同的变化趋势，代表了空间存在聚集性；若为负相关，说明某些区某一属性值与其相邻地区该属性值不具有相同的变化趋势，代表了空间不存在聚集性。包括全局空间自相关和局部空间自相关。

①全局空间自相关。全局空间自相关是对某种地理现象或某一属性在整个区域的空间特征分析，概括地理现象或属性值在空间范围内的空间依赖程度，判断地理现象或属性值在整个区域空间是否存在聚集性，常用的关联指标是 Moran's I 指数，计算公式如下：

$$I(d)=n\sum_{i=1}^{n}\sum_{j=1}^{n}w_{ij}\left(X_i-\overline{X}\right)\left(X_j-\overline{X}\right)/\sum_{i=1}^{n}\left(X_i-\overline{X}\right)\sum_{i=1}^{n}\sum_{j=1}^{n}w_{ij}$$

式中，n 为研究对象的数目；X_i 为观测值；$\overline{X}$ 为 X_i 的平均值；W_{ij} 为研究对象 i 与 j 之间的空间连接矩阵，表示空间单元间潜在的相互作用关系。

Moran's I 指数值介于[−1，1]之间，Moran's $I>0$ 表示地理现象或某一属性在地域空间单元之间处于正自相关关系，空间实体呈聚合分布，Moran′s $I<0$ 表示地理现象或某一属性在地域空间单元之间处于负相关关系，空间实体呈离散分布，Moran′s $I=0$ 表示地理现象或某一属性在地域空间单元之间没有关系。

②局部空间自相关。局部空间自相关用来描述某一个空间单元与其相邻地区的相似程度，表示每个局部单元服从全局总趋势的程度及空间异质性，说明空间依赖程度是随着位置变化而变化，其通常用指标是 Local Moran′s I 指数，并结合 LISA（local indicators of spatial assocation）聚集图探究局部空间分布的演变规律，其实质是将 Moran′s I 指数分解到研究地域每个区域单元中，计算公式如下：

$$I_i = Z_i \sum_{j=1}^{n} W_{ij} Z_j \left(i \neq j \right)$$

式中，Z_i 和 Z_j 分别为空间单元 i 和 j 上观测值的标准化值；W_{ij} 为空间权重。

在规定的显著性水平下，Local Moran′s $I>0$ 表示某一空间单元与其相邻地区存在正的局部空间自相关，相似值发生集聚，Local Moran′s $I<0$ 表示某一空间单元与其相邻地区存在负的局部空间自相关，不相似值发生集聚。LISA 聚集图用来识别局部空间集聚的冷热点和揭示空间奇异值。

4.2.2 数据来源

根据已有研究成果，并结合鄱阳湖生态经济区的实际，本研究选择 1 个产出指标和 4 个投入指标。产出指标用粮食总产量来表示。投入指标包括劳动、土地、机械动力和化肥施用量，这些指标是粮食生产中所必须具备的。其中，劳动投入选择用第一产业从业人数来表示，不包括乡村工业和服务业就业人数；土地投入选择用耕地面积来表示；机械投入选择用农业机械总动力来表示；化肥投入选择用按折纯量计算的化肥施用量来表示。

本研究选用的粮食总产量、第一产业从业人数、耕地面积、农业机械总动力和化肥施用量的数据均来自《江西统计年鉴（2002—2015)》。

4.3 鄱阳湖生态经济区粮食全要素生产率演变

本章采用数据包络分析软件 DEAP Version 2.1，对 2002—2014 年鄱阳湖生态经济区 25 个县（市）粮食产出和投入数据进行计算，测算粮食全要素生产率的变化，并把全要素生产率分解为技术效率和技术进步，进一步将技术效率分解为纯技术效率和规模效率，在此基础上分析鄱阳湖生态经济区粮食全要素生产率、技术效率、技术进步、纯技术效率、规模效率的时空演变，最后采用变异系数法进一步摸清鄱阳湖生态经济区粮食全要素生产率、技术效率、技术进步、纯技术效率、规模效率总体的时序演变，分析其鄱阳湖生态经济区各（县）粮食全要素生产率之间的差异。

4.3.1 基于时间维度的粮食全要素生产率演变

表 4-1 显示 2002—2014 年鄱阳湖生态经济区粮食全要素生产率整体呈上升趋势，年均上升 1.2%。其中，2002、2003、2005、2006、2012 年粮食全要素生产率是下降的，其余 8 个年份粮食全要素生产率均是上升的。2013 年粮食全要素生产率上升最快，上升了 16.1%，其次是 2004 年，上升了 10.9%；2012 年粮食全要素生产率下降最多，下降了 5.1%，其次是 2006 年，下降了 5.0%。

表 4-1 鄱阳湖生态经济区粮食全要素生产率及其构成变化（2002—2014 年）

年份	技术效率	纯技术效率	规模效率	技术进步	全要素生产率
2002	0.999	1.045	0.955	0.964	0.963
2003	1.001	0.963	1.039	0.974	0.974
2004	1.012	1.022	0.990	1.096	1.109
2005	1.014	0.997	1.017	0.978	0.992
2006	0.996	1.008	0.988	0.954	0.950
2007	1.003	1.000	1.003	1.007	1.010
2008	0.999	0.988	1.012	1.015	1.014
2009	0.994	1.009	0.985	1.039	1.032
2010	1.004	1.000	1.004	1.006	1.010
2011	1.029	1.029	1.000	0.977	1.005
2012	1.000	0.994	1.006	0.950	0.949
2013	1.011	1.002	1.009	1.148	1.161
2014	0.985	1.000	0.985	1.018	1.003
均值	1.004	1.004	0.999	1.008	1.012

从全要素生产率的分解来看，2002—2014 年鄱阳湖生态经济区粮食全要素生产率是由技术进步、技术效率共同决定的，技术进步、技术效率年均上升分别为 0.8%、0.4%。其中，技术进步 2002、2003、2005、2006、2011、2012 年均是下降的，其余 7 年的技术进步均是上升的，2013 年技术进步最快，比上一年上升了 14.8%，其次是 2004 年，上升了 9.6%；2012 年技术进步下降最多，比上一年下降了 5.0%，其次是 2006 年，下降了 4.6%。

技术效率年均上升 0.4%。技术效率 2002、2006、2008、2009、2014 年均是下降的，2012 年技术效率不变，其余 7 年技术效率均是下降的，2011 年技术效率上升最快，比上一年上升了 2.9%，其次是 2005 年，上升了 1.4%；2014 年技术效率下降最多，比上一年下降了 1.5%，其次是 2009 年，下降了 0.6%。

从技术效率分解情况来看，2002—2014 年鄱阳湖生态经济区粮食技术效率上升的原因主要是由纯技术效率决定的。纯技术效率年均上升 0.4%，其中，2003、2005、2008、2012 年纯技术效率均是下降的，2007、2010、2014 年纯技术效率不变，其余 6 年技术进步均是上升的，2002 年纯技术效率上升最快，比上一年上升了 4.5%，其次是 2011 年，上升了 2.9%；2003 年纯技术效率下降最多，比上一年下降了 3.7%，其次是 2008 年，下降了 1.2%。规模效率年均下降 0.1%，其中，2003、2005、2007、2008、2010、2012、2013 年规模效率均是上升的，2011 年规模效率不变，其余 5 年规模效率均是下降的，2003 年规模效率上升最快，比上一年上升了 3.9%，其次是 2005 年，上升了 1.7%；2002 年规模效率下降最多，比上一年下降了 4.5%，其次是 2009、2014 年，均下降了 1.5%。

图 4-1 显示了 2002—2014 年鄱阳湖生态经济区粮食全要素生产率、技术进步、技术效率的时序演变。粮食全要素生产率、技术进步总体的变化趋势大致分为三个阶段且是一致的。第一阶段为 2002—2004 年，粮食全要素生产率、技术进步呈持续上升态势，第二阶段为 2005—2012 年，呈先持续下降后持续上升再持续下降态势，第三段为 2013—2014 年，呈快速下降态势；2002—2014 年粮食技术效率呈“小幅”波浪式的变化态势。总体来说，鄱阳湖生态经济区粮食全要素生产率是由粮食生产的技术效率和技术进步共同决定的，但技术进步的作用较技术效率更加明显。从图中可以看出，2004、2007、2010、2013 年粮食生产技术效率和技术进步均在“1.0”的上面，说明对鄱阳湖生态经济区粮食生产均起到了积极推动作用，而 2002、2006 年粮食生产技术效率和技术进步均在“1.0”的下面，在粮食生产技术效率和技术进步双重压力下，加剧了粮食全要素生产率的下降幅度。2002—2014 年，粮食生产技术效率和技术进步对粮食全要素生产率的作用处于对立状态，但总的来说，对粮食全要素生产率起推动作用效果要比对粮食全要素生产率起阻碍作用的效果要明显，所以，整体而言，鄱阳湖生态经济区粮食全要素生产率在 2002—2014 年是上升的。从图中可知，粮食生产技术效率和技术进步对粮食全要素生产率的重要性，不同阶段不同，两者对粮食全要素生产率的作用有时是单方面的阻碍或促进作用，有时是双重的“同阻碍、同促进”作用。从全要素生产率的定义来看，全要素生产率是由技术效率和技术进步的乘积决定的，因此要提高全要素生产率仅仅依靠技术效率或技术进步的单方面拉动是远远不够的，还要提高科技在粮食生产上的应用，提高农民种粮专业水平来提高粮食生产技术效

率。同时，鄱阳湖地区干旱、水灾等频繁出现，应通过科学育种，培育抗干旱、耐土壤酸碱化的粮食作物，提高粮食生产技术进步，从而通过供给侧改革提高粮食全要素生产率和粮食质量的目的。

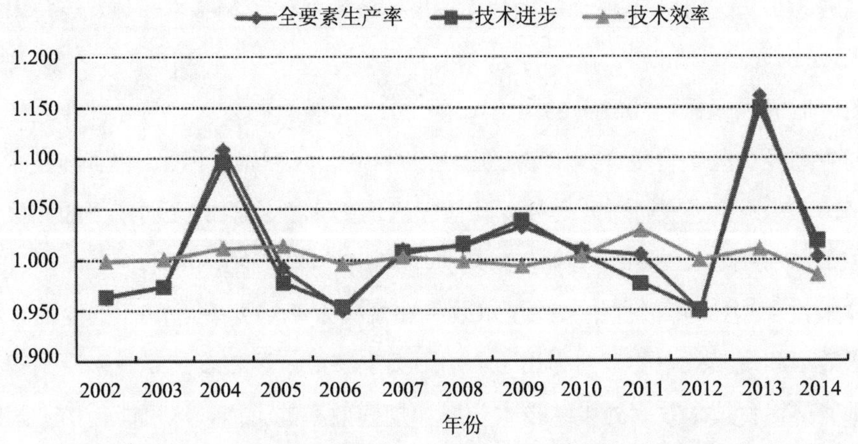

图 4-1　2002—2014 年鄱阳湖生态经济区粮食全要素生产率时序演变

图 4-2 显示了 2002—2014 年鄱阳湖生态经济区粮食技术效率、纯技术效率、规模效率的时序演变。粮食技术效率大致分为三个阶段：2002—2005 年粮食技术效率呈持续上升态势，2006—2011 年呈波动上升态势，2012—2014 年呈波动下降的态势；2002—2010 年粮食纯技术效率围绕不变呈“波幅”逐渐变小的波动态势，2011—2014 年粮食纯技术效率的变化幅度呈先变大再变小的态势；2002—2014 年粮食规模效率围绕不变呈“波幅”逐渐变小的波动态势。

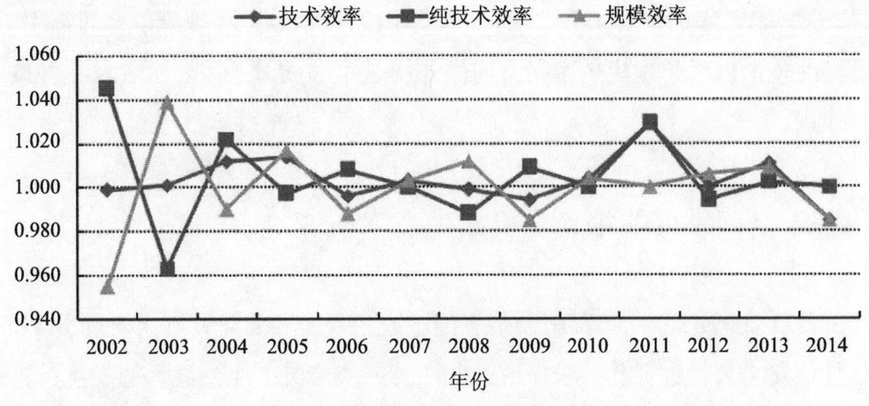

图 4-2　2002—2014 年鄱阳湖生态经济区粮食技术效率时序演变

从图中可以看出，2002—2010年，粮食技术效率的变化是由纯技术效率、规模效率两者变化共同决定的，且变化步调处于两者之间。2002—2010年粮食生产的纯技术效率、规模效率变化步调相反，2011—2013年粮食技术效率、纯技术效率变化步调一致，规模效率变化步调较为平稳。2014年粮食技术效率、规模效率变化步调基本一致，纯技术效率步调相对平稳。

从图中时间点来看，2002—2014年，除2012年粮食技术效率等于1.0之外，其他年份鄱阳湖生态经济区粮食生产技术效率均处于“1.0”的上面或下面。粮食纯技术效率，除2007、2010、2014年均等于1.0之外，其他年份均处于“1.0”的上面或下面。粮食规模效率，除2011年等于1.0之外，其他年份均处于“1.0”的上面或下面。

具体来说，2013年粮食生产纯技术效率和规模效率均处于“1.0”的上面，在粮食生产纯技术效率和规模效率的双重作用下，鄱阳湖生态经济区粮食技术效率受到较大促进作用，从而使得粮食技术效率处于纯技术效率和规模效率的上面，这可能是由于鄱阳湖生态经济区粮食生产规模化水平的提高，同时加大了对农业机械化水平的投入和对于专业化劳动力的培养，在一定程度上提高了粮食生产的纯技术效率和规模效率。2007、2010、2011、2014年粮食技术效率是由纯技术效率或规模效率“单轨驱动”的。2004、2008年表现为纯技术效率对粮食技术效率的作用大于规模效率的作用，因此粮食技术效率上升或下降与纯技术效率是一致的。2002、2003、2005、2006、2009年表现为规模效率对粮食技术效率的作用大于纯技术效率的作用，因此，粮食技术效率上升或下降与规模效率是一致的。2012年粮食技术效率保持不变，是粮食纯技术效率和规模效率共同作用的结果。总的来说，2002—2014年，鄱阳湖生态经济区粮食技术效率的变化是纯技术效率和规模效率共同作用的结果。从技术效率的分解来看，技术效率是由纯技术效率和规模效率的乘积所决定的，因此，仅有纯技术效率和规模效率同方向的作用是不够的，还需要两者对粮食技术效率共同的促进作用。

4.3.2 基于空间维度的粮食全要素生产率演变

表4-2显示2002—2014年鄱阳湖生态经济区粮食全要素生产率上升的县（市）有南昌县、新建县、安义县、进贤县、乐平市、九江县、武宁县、永修县、德安县、星子县、都昌县、湖口县、彭泽县、瑞昌市、丰城市、樟树市、高安市、余干县、鄱阳县等19个县（市），其中星子县粮食全要素生产率上升最快，年均上升7.0%，其次是浮梁县，年均上升5.5%；粮食全要素生产率下降的县（市）有浮梁县、贵溪市、余江县、新干县、东乡县、

万年县等 6 个县（市），其中余江县粮食全要素生产率下降最多，年均下降 4.7%，其次是浮梁县、万年县，年均下降均 1.9%。

表 4-2　鄱阳湖生态经济区 25 个县（市）粮食全要素生产率及其构成变化

地区	技术效率	纯技术效率	规模效率	技术进步	全要素生产率
南昌县	1.000	1.000	1.000	1.015	1.015
新建县	1.008	1.007	1.001	1.014	1.023
安义县	1.000	1.000	1.000	1.022	1.022
进贤县	1.012	1.008	1.004	0.998	1.010
浮梁县	0.995	1.000	0.995	0.987	0.981
乐平市	1.013	1.008	1.005	1.013	1.025
九江县	1.024	1.024	1.000	1.030	1.055
武宁县	0.992	1.004	0.988	1.019	1.011
永修县	1.000	1.000	1.000	1.003	1.003
德安县	1.003	1.000	1.003	1.025	1.027
星子县	1.000	1.000	1.000	1.070	1.070
都昌县	1.012	1.013	0.998	1.002	1.013
湖口县	1.011	1.012	0.999	1.031	1.042
彭泽县	1.013	1.012	1.001	1.020	1.033
瑞昌市	1.019	1.019	1.000	0.997	1.017
余江县	0.992	0.993	0.999	0.961	0.953
贵溪市	0.992	0.993	0.999	1.005	0.997
新干县	0.996	0.997	0.999	0.997	0.993
丰城市	0.996	1.000	0.996	1.016	1.012
樟树市	1.008	1.008	1.000	1.014	1.023
高安市	1.005	1.003	1.001	1.006	1.011
东乡县	1.000	1.000	1.000	0.962	0.962
余干县	1.000	1.002	0.998	1.015	1.015
鄱阳县	1.000	1.004	0.996	1.006	1.006
万年县	1.000	1.000	1.000	0.981	0.981
均值	1.004	1.004	0.999	1.008	1.012

从全要素生产率分解来看，鄱阳湖生态经济区粮食技术进步上升的县（市）有南昌县、新建县、安义县、乐平市、九江县、武宁县、永修县、德安县、星子县、都昌县、湖口县、彭泽县、贵溪市、丰城市、樟树市、高安市、余干县、鄱阳县等 18 个县（市），其中星子县粮食技术进步上升最快，年均上升 7.0%，其次是湖口县，年均上升 3.1%；鄱阳湖生态经济区粮食技术进步下降的县（市）有进贤县、浮梁县、瑞昌市、余江县、新干县、东乡县、万年县等 7 个县（市），其中余江县粮食技术进步下降最多，年均下降 3.9%，其次是

东乡县，年均下降3.8%。鄱阳湖生态经济区粮食技术效率上升的县（市）有新建县、进贤县、乐平市、九江县、德安县、都昌县、湖口县、彭泽县、瑞昌市、樟树市、高安市等11个县（市），其中九江县粮食技术效率上升最快，年均上升2.4%，其次是瑞昌市，年均上升1.9%；鄱阳湖生态经济区粮食技术效率下降的县（市）有浮梁县、武宁县、余江县、贵溪市、新干县、丰城市等6个县（市），其中武宁县、余江县、贵溪市粮食技术效率下降最多，年均下降均为0.8%，其次是浮梁县，年均下降0.5%；鄱阳湖生态经济区粮食技术效率没有变化的县（市）有南昌县、安义县、永修县、星子县、东乡县、余干县、鄱阳县、万年县。

从技术效率分解来看，鄱阳湖生态经济区粮食纯技术效率上升的县（市）有余干县、高安市、武宁县、鄱阳县、新建县、进贤县、乐平市、樟树市、湖口县、彭泽县、都昌县、瑞昌市、九江县等13个县（市），其中九江县粮食纯技术效率上升最快，年均上升2.4%，其次是瑞昌市，年均上升1.9%；鄱阳湖生态经济区粮食纯技术效率下降的县（市）有余江县、贵溪市、新干县等3个县（市），其中余江县、贵溪市粮食技术效率下降最多，年均下降均为0.7%，其次是新干县，年均下降0.3%；鄱阳湖生态经济区粮食纯技术效率没有变化的县（市）有南昌县、安义县、浮梁县、永修县、德安县、星子县、丰城市、东乡县、万年县等9个县（市）。鄱阳湖生态经济区粮食规模效率上升的县（市）有新建县、彭泽县、高安市、德安县、进贤县、乐平市等6个县（市），其中乐平市粮食规模效率上升最快，年均上升0.5%，其次是进贤县，年均上升0.4%；鄱阳湖生态经济区粮食规模效率下降的县（市）有武宁县、浮梁县、丰城市、鄱阳县、都昌县、余干县、湖口县、余江县、贵溪市、新干县等10个县（市），其中武宁县粮食规模效率下降最多，年均下降1.2%，其次是浮梁县，年均下降0.5%；鄱阳湖生态经济区粮食规模效率不变的县（市）有南昌县、安义县、九江县、永修县、星子县、瑞昌市、樟树市、东乡县、万年县。

表4-2显示了2002—2014年鄱阳湖生态经济区粮食全要素生产率的空间格局演变情况。粮食全要素生产率反映粮食总产量增长的利用效率，粮食全要素生产率大于1.0表明促进粮食总产量的增长，粮食生产效率是提高的；粮食全要素生产率等于1.0表明粮食总产量较前一年没有发生变化，粮食生产效率是不变的；粮食全要素生产率小于1.0表明阻碍粮食总产量的增长，粮食生产效率是下降的。

本章根据2002—2014年鄱阳湖生态经济区25个县（市）粮食全要素生产率的大小，定义其粮食生产率效率的变化，即粮食全要素生产率大于1.0，定义该地区粮食生产效率上升（简称为“上升”）；粮食全要素生产率等于1.0，定义该地区粮食生产效率不变（简称为“不变”）；粮食全要素生产率小于1.0，定义该地区粮食生产效率下降（简称为“下降”)。粮食技术效率、技术进步、纯技术效率、规模效率的定义和粮食全要素生产率一样。

为了更加精确地分析鄱阳湖生态经济区 25 个县（市）粮食全要素生产率的空间动态演变情况，本研究分别选取 2002、2006、2010、2014 年及 2002—2014 年进行分析。根据上述定义以及测算结果，鄱阳湖生态经济区 25 个县（市）粮食全要素生产率变化情况总结如下（表 4-3）：

2002 年“粮食生产效率上升”的县（市）有樟树市、永修县、丰城市、贵溪市、乐平市、万年县、余江县、进贤县、余干县、德安县、武宁县、浮梁县、高安市、九江县、鄱阳县、瑞昌市等 16 个县（市）。“粮食生产效率下降”的县（市）有南昌县、新建县、安义县、湖口县、都昌县、彭泽县、新干县、星子县、东乡县等 9 个县（市）。没有县（市）处于“粮食生产效率不变”。

2006 年“粮食生产效率上升”的县（市）有武宁县、彭泽县、浮梁县、新建县、樟树市、九江县、丰城市、永修县、乐平市等 9 个县（市）。“粮食生产效率下降”的县（市）有万年县、湖口县、余干县、星子县、鄱阳县、贵溪市、德安县、东乡县、安义县、南昌县、余江县、高安市、瑞昌市、新干县、进贤县、都昌县等 16 个县（市）。没有县（市）处于“粮食生产效率不变”。

2010 年“粮食生产效率上升”的县（市）有武宁县、鄱阳县、乐平市、九江县、丰城市、星子县、余干县等 7 个县（市）。“粮食生产效率不变”的县（市）只有湖口县。“粮食生产效率下降”的县（市）有东乡县、永修县、万年县、浮梁县、新建县、彭泽县、新干县、瑞昌市、安义县、高安市、樟树市、德安县、都昌县、贵溪市、南昌县、进贤县、余江县等 17 个县（市）。

2014 年“粮食生产效率上升”的县（市）有新建县、新干县、彭泽县、樟树市、高安市、进贤县、浮梁县、贵溪市、南昌县、湖口县、永修县、瑞昌市、余江县、德安县、都昌县等 15 个县（市）。“粮食生产效率下降”的县（市）有星子县、余干县、万年县、九江县、安义县、鄱阳县、武宁县、丰城市、东乡县、乐平市等 10 个县（市）。没有县（市）处于“粮食生产效率不变”。

2002—2014 年“粮食生产效率上升”的县（市）有永修县、乐平市、鄱阳县、新建县、武宁县、樟树市、丰城市、德安县、高安市、安义县、南昌县、彭泽县、都昌县、湖口县、进贤县、九江县、瑞昌市、星子县、余干县等 19 个县（市）。“粮食生产效率下降”的县（市）有余江县、新干县、东乡县、万年县、浮梁县、贵溪市等 6 个县（市）。没有县（市）处于“粮食生产效率不变”。

表 4-3 鄱阳湖生态经济区粮食全要素生产率空间格局演变

分类	2002 年	2006 年	2010 年	2014 年	2002—2014 年
上升	樟树市 永修县 丰城市 贵溪市 乐平市 万年县 余江县 进贤县 余干县 德安县 武宁县 浮梁县 高安市 九江县 鄱阳县 瑞昌市	武宁县 彭泽县 浮梁县 新建县 樟树市 九江县 丰城市 永修县 乐平市	武宁县 鄱阳县 乐平市 九江县 丰城市 星子县 余干县	新建县 新干县 彭泽县 樟树市 高安市 进贤县 浮梁县 贵溪市 南昌县 湖口县 永修县 瑞昌市 余江县 德安县 都昌县	永修县 乐平市 鄱阳县 新建县 武宁县 樟树市 丰城市 德安县 高安市 安义县 南昌县 彭泽县 都昌县 湖口县 进贤县 九江县 瑞昌市 星子县 余干县
不变			湖口县		
下降	南昌县 新建县 安义县 湖口县 都昌县 彭泽县 新干县 星子县 东乡县	万年县 湖口县 余干县 星子县 鄱阳县 贵溪市 德安县 东乡县 安义县 南昌县 余江县 高安市 瑞昌市 新干县 进贤县 都昌县	东乡县 永修县 万年县 浮梁县 新建县 彭泽县 新干县 瑞昌市 安义县 高安市 樟树市 德安县 都昌县 贵溪市 南昌县 进贤县 余江县	星子县 余干县 万年县 九江县 安义县 鄱阳县 武宁县 丰城市 东乡县 乐平市	余江县 新干县 东乡县 万年县 浮梁县 贵溪市

2002—2014 年，鄱阳湖生态经济区 25 个县（市）粮食技术效率空间格局演变情况总结如下（表 4-4）：

2002 年“粮食技术效率上升”的县（市）有新建县、进贤县、德安县、余干县、彭泽县、乐平市、高安市、九江县、樟树市、瑞昌市、鄱阳县等 11 个县（市）。“粮食技术效率不变”的县（市）有南昌县、永修县、安义县、余江县、浮梁县、万年县等 6 个县（市）。“粮食技术效率下降”的县（市）有星子县、都昌县、东乡县、丰城市、湖口县、贵溪市、新干县、武宁县等 8 个县（市）。

2006 年“粮食技术效率上升”的县（市）有高安市、新干县、贵溪市、九江县、彭泽县、余江县、瑞昌市、丰城市、都昌县、永修县等 10 个县（市）。“粮食技术效率不变”的县（市）有南昌县、樟树市、新建县、万年县、浮梁县等 5 个县（市）。“粮食技术效率下降”的县（市）有进贤县、德安县、余干县、湖口县、星子县、东乡县、安义县、武宁县、鄱阳县、乐平市等 10 个县（市）。

2010 年“粮食技术效率上升”的县（市）有湖口县、鄱阳县、进贤县、余干县、乐平市、九江县、贵溪市、星子县、丰城市等 9 个县（市）。“粮食技术效率不变”的县（市）有安义县、高安市、浮梁县、万年县、永修县等 5 个县（市）。“粮食技术效率下降”的县（市）有东乡县、彭泽县、新建县、德安县、新干县、瑞昌市、南昌县、余江县、都昌县、武宁县、樟树市等 11 个县（市）。

2014 年“粮食技术效率上升”的县（市）有贵溪市、湖口县、新干县、瑞昌市、德安县等 5 个县（市）。“粮食技术效率不变”的县（市）有南昌县、樟树市、安义县、高安市、永修县、东乡县、星子县、万年县等 8 个县（市）。“粮食技术效率下降”的县（市）有武宁县、丰城市、鄱阳县、余江县、浮梁县、彭泽县、余干县、都昌县、乐平市、九江县、新建县、进贤县等 12 个县（市）。

2002—2014 年“粮食技术效率上升”的县（市）有高安市、丰城市、余江县、永修县、贵溪市、瑞昌市、乐平市、九江县等 8 个县（市）。“粮食技术效率不变”的县（市）只有万年县。“粮食技术效率下降”的县（市）有武宁县、新干县、东乡县、南昌县、星子县、都昌县、进贤县、鄱阳县、新建县、德安县、湖口县、樟树市、浮梁县、余干县、安义县、彭泽县等 16 个县（市）。

表 4-4 鄱阳湖生态经济区粮食技术效率空间格局演变

分类	2002 年	2006 年	2010 年	2014 年	2002—2014 年
上升	新建县 进贤县 德安县 余干县 彭泽县 乐平市 高安市 九江县 樟树市 瑞昌市 鄱阳县	高安市 新干县 贵溪市 九江县 彭泽县 余江县 瑞昌市 丰城市 都昌县 永修县	湖口县 鄱阳县 进贤县 余干县 乐平市 九江县 贵溪市 星子县 丰城市	贵溪市 湖口县 新干县 瑞昌市 德安县	高安市 丰城市 余江县 永修县 贵溪市 瑞昌市 乐平市 九江县
不变	南昌县 永修县 安义县 余江县 浮梁县 万年县	南昌县 樟树市 新建县 万年县 浮梁县	安义县 高安市 浮梁县 万年县 永修县	南昌县 樟树市 安义县 高安市 永修县 东乡县 星子县 万年县	万年县
下降	星子县 都昌县 东乡县 丰城市 湖口县 贵溪市 新干县 武宁县	进贤县 德安县 余干县 湖口县 星子县 东乡县 安义县 武宁县 鄱阳县 乐平市	东乡县 彭泽县 新建县 德安县 新干县 瑞昌市 南昌县 余江县 都昌县 武宁县 樟树市	武宁县 丰城市 鄱阳县 余江县 浮梁县 彭泽县 余干县 都昌县 乐平市 九江县 新建县 进贤县	武宁县 新干县 东乡县 南昌县 星子县 都昌县 进贤县 鄱阳县 新建县 德安县 湖口县 樟树市 浮梁县 余干县 安义县 彭泽县

2002—2014年，鄱阳湖生态经济区25个县（市）粮食技术进步空间格局演变情况总结如下（表4-5）：

2002年“粮食技术进步上升”的县（市）有进贤县、丰城市、余江县、万年县、新干县、德安县、武宁县、贵溪市、永修县、浮梁县等10个县（市），“粮食技术进步不变”的县（市）只有九江县，“粮食技术进步下降”的县（市）有东乡县、樟树市、安义县、余干县、星子县、湖口县、乐平市、鄱阳县、南昌县、瑞昌市、彭泽县、高安市、新建县、都昌县等14个县（市）。

2006年“粮食技术进步上升”的县（市）有彭泽县、武宁县、浮梁县、乐平市、樟树市、新建县、星子县、进贤县等8个县（市），“粮食技术进步下降”的县（市）有万年县、永修县、余干县、新干县、余江县、都昌县、瑞昌市、高安市、鄱阳县、南昌县、德安县、湖口县、安义县、九江县、丰城市、东乡县、贵溪市等17个县（市），没有县（市）处于“粮食技术进步不变”。

2010年“粮食技术进步上升”的县（市）有新建县、武宁县、德安县、星子县等4个县（市），“粮食技术进步下降”的县（市）有万年县、新干县、安义县、高安市、永修县、进贤县、贵溪市、南昌县、浮梁县、瑞昌市、余干县、九江县、余江县、乐平市、樟树市、湖口县、丰城市、鄱阳县、都昌县、彭泽县、东乡县等21个县（市），没有县（市）处于“粮食技术进步不变”。

2014年“粮食技术进步上升”的县（市）有高安市、都昌县、湖口县、余江县、余干县、贵溪市、南昌县、樟树市、彭泽县、进贤县、永修县、鄱阳县、新干县、浮梁县、乐平市、德安县、新建县、武宁县、瑞昌市等19个县（市），“粮食技术进步不变”的县（市）只有丰城市，“粮食技术进步下降”的县（市）有星子县、东乡县、万年县、九江县、安义县等5个县（市）。

2002—2014年“粮食技术进步上升”的县（市）有樟树市、德安县、新建县、武宁县、进贤县、星子县、浮梁县等7个县（市），“粮食技术进步下降”的县（市）有万年县、高安市、东乡县、都昌县、安义县、九江县、余干县、彭泽县、余江县、鄱阳县、瑞昌市、贵溪市、南昌县、新干县、丰城市、湖口县、永修县、乐平市等18个县（市），没有县（市）处于“粮食技术进步不变”。

表4-5 鄱阳湖生态经济区粮食技术进步空间格局演变

分类	2002年	2006年	2010年	2014年	2002—2014年
上升	进贤县 丰城市 余江县 万年县 新干县 德安县 武宁县 贵溪市 永修县 浮梁县	彭泽县 武宁县 浮梁县 乐平市 樟树市 新建县 星子县 进贤县	新建县 武宁县 德安县 星子县	高安市 都昌县 湖口县 余江县 余干县 贵溪市 南昌县 樟树市 彭泽县 进贤县 永修县 鄱阳县 新干县 浮梁县 乐平市 德安县 新建县 武宁县 瑞昌市	樟树市 德安县 新建县 武宁县 进贤县 星子县 浮梁县
不变	九江县			丰城市	
下降	东乡县 樟树市 安义县 余干县 星子县 湖口县 乐平市 鄱阳县 南昌县 瑞昌市 彭泽县 高安市 新建县 都昌县	万年县 永修县 余干县 新干县 余江县 都昌县 瑞昌市 高安市 鄱阳县 南昌县 德安县 湖口县 安义县 九江县 丰城市 东乡县 贵溪市	万年县 新干县 安义县 高安市 永修县 进贤县 贵溪市 南昌县 浮梁县 瑞昌市 余干县 九江县 余江县 乐平市 樟树市 湖口县 丰城市 鄱阳县 都昌县 彭泽县 东乡县	星子县 东乡县 万年县 九江县 安义县	万年县 高安市 东乡县 都昌县 安义县 九江县 余干县 彭泽县 余江县 鄱阳县 瑞昌市 贵溪市 南昌县 新干县 丰城市 湖口县 永修县 乐平市

2002—2014年，鄱阳湖生态经济区25个县（市）粮食纯技术效率空间格局演变情况总结如下（表4-6）：

2002年“粮食纯技术效率上升”的县（市）有余干县、湖口县、鄱阳县、武宁县、乐平市、彭泽县、进贤县、九江县、樟树市、瑞昌市、高安市等11个县（市）。“粮食纯技术效率不变”的县（市）有南昌县、星子县、安义县、余江县、浮梁县、丰城市、永修县、万年县、德安县等9个县（市）。“粮食纯技术效率下降”的县（市）有东乡县、贵溪市、新干县、新建县、都昌县等5个县（市）。

2006年“粮食纯技术效率上升”的县（市）有湖口县、彭泽县、贵溪市、余江县、高安市、瑞昌市、新干县、九江县、都昌县、永修县等10个县（市）。“粮食纯技术效率不变”的县（市）有南昌县、武宁县、新建县、德安县、安义县、丰城市、浮梁县、樟树市、乐平市、万年县等10个县（市）。“粮食纯技术效率下降”的县（市）有鄱阳县、东乡县、星子县、余干县、进贤县等5个县（市）。

2010 年“粮食纯技术效率上升”的县（市）有进贤县、乐平市、瑞昌市、余干县、湖口县、星子县、贵溪市、九江县等 8 个县（市）。“粮食纯技术效率不变”的县（市）有南昌县、丰城市、安义县、高安市、浮梁县、鄱阳县、永修县、万年县、德安县等 9 个县（市）。“粮食纯技术效率下降”的县（市）有东乡县、樟树市、新建县、彭泽县、新干县、余江县、都昌县、武宁县等 8 个县（市）。

2014 年“粮食纯技术效率上升”的县（市）有都昌县、贵溪市、新干县、进贤县、瑞昌市、湖口县等 6 个县（市）。“粮食纯技术效率不变”的县（市）有南昌县、丰城市、安义县、樟树市、浮梁县、高安市、九江县、东乡县、永修县、鄱阳县、德安县、万年县、星子县等 13 个县（市）。“粮食纯技术效率下降”的县（市）有武宁县、彭泽县、余干县、新建县、乐平市、余江县等 6 个县（市）。

2012—2014 年“粮食纯技术效率上升”的县（市）有都昌县、贵溪市、樟树市、永修县、进贤县、湖口县、乐平市、彭泽县、余江县、九江县、武宁县、瑞昌市、高安市等 13 个县（市）。“粮食纯技术效率不变”的县（市）有南昌县、德安县、安义县、丰城市、浮梁县、万年县等 6 个县（市）。“粮食纯技术效率下降”的县（市）有东乡县、新干县、鄱阳县、星子县、新建县、余干县等 6 个县（市）。

表 4-6　鄱阳湖生态经济区粮食纯技术效率空间格局演变

分类	2002 年	2006 年	2010 年	2014 年	2002—2014 年
上升	余干县 湖口县 鄱阳县 武宁县 乐平市 彭泽县 进贤县 九江县 樟树市 瑞昌市 高安市	湖口县 彭泽县 贵溪市 余江县 高安市 瑞昌市 新干县 九江县 都昌县 永修县	进贤县 乐平市 瑞昌市 余干县 湖口县 星子县 贵溪市 九江县	都昌县 贵溪市 新干县 进贤县 瑞昌市 湖口县	都昌县 贵溪市 樟树市 永修县 进贤县 湖口县 乐平市 彭泽县 余江县 九江县 武宁县 瑞昌市 高安市
不变	南昌县 星子县 安义县 余江县 浮梁县 丰城市 永修县 万年县 德安县	南昌县 武宁县 新建县 德安县 安义县 丰城市 浮梁县 樟树市 乐平市 万年县	南昌县 丰城市 安义县 高安市 浮梁县 鄱阳县 永修县 万年县 德安县	南昌县 丰城市 安义县 樟树市 浮梁县 高安市 九江县 东乡县 永修县 鄱阳县 德安县 万年县 星子县	南昌县 德安县 安义县 丰城市 浮梁县 万年县
下降	东乡县 贵溪市 新干县 新建县 都昌县	鄱阳县 东乡县 星子县 余干县 进贤县	东乡县 樟树市 新建县 彭泽县 新干县 余江县 都昌县 武宁县	武宁县 彭泽县 余干县 新建县 乐平市 余江县	东乡县 新干县 鄱阳县 星子县 新建县 余干县

2002—2014 年，鄱阳湖生态经济区 25 个县（市）粮食规模效率空间格局演变情况总结如下（表 4-7）：

2002 年“粮食规模效率上升”的县（市）有贵溪市、余干县、进贤县、新建县、鄱阳县、乐平市、德安县等 7 个县（市）。“粮食规模效率不变”的县（市）有南昌县、永修县、安义县、余江县、浮梁县、万年县等 6 个县（市）。“粮食规模效率下降”的县（市）有瑞昌市、高安市、星子县、丰城市、九江县、樟树市、湖口县、新干县、彭泽县、都昌县、武宁县、东乡县等 12 个县（市）。

2006 年“粮食规模效率上升”的县（市）有余江县、丰城市、新干县、鄱阳县、星子县等 5 个县（市）。“粮食规模效率不变”的县（市）有南昌县、都昌县、新建县、樟树市、浮梁县、万年县等 6 个县（市）。“粮食规模效率下降”的县（市）有余干县、彭泽县、进贤县、永修县、安义县、高安市、瑞昌市、武宁县、湖口县、东乡县、德安县、乐平市、九江县、贵溪市等 14 个县（市）。

2010 年“粮食规模效率上升”的县（市）有新建县、星子县、进贤县、丰城市、贵溪市、鄱阳县、余干县等 7 个县（市）。“粮食规模效率不变”的县（市）有安义县、高安市、浮梁县、万年县、永修县等 5 个县（市）。“粮食规模效率下降”的县（市）有南昌县、新干县、德安县、武宁县、瑞昌市、余江县、乐平市、樟树市、九江县、都昌县、湖口县、东乡县、彭泽县等 13 个县（市）。

2014 年“粮食规模效率上升”的县（市）有乐平市、瑞昌市、彭泽县、余干县、德安县等 5 个县（市）。“粮食规模效率不变”的县（市）有南昌县、樟树市、安义县、高安市、永修县、东乡县、星子县、万年县等 8 个县（市）。“粮食规模效率下降”的县（市）有武宁县、都昌县、鄱阳县、丰城市、浮梁县、余江县、进贤县、新建县、贵溪市、九江县、湖口县、新干县等 12 个县（市）。

2002—2014 年“粮食规模效率上升”的县（市）有新建县、丰城市、余干县、鄱阳县、乐平市等 5 个县（市）。“粮食规模效率不变”的县（市）只有万年县。“粮食规模效率下降”的县（市）有武宁县、南昌县、瑞昌市、都昌县、九江县、德安县、湖口县、贵溪市、彭泽县、樟树市、星子县、永修县、进贤县、余江县、浮梁县、新干县、安义县、东乡县、高安市等 19 个县（市）。

表 4-7　鄱阳湖生态经济区规模效率空间格局演变

分类	2002 年	2006 年	2010 年	2014 年	2002—2014 年
上升	贵溪市　余干县 进贤县　新建县 鄱阳县　乐平市 德安县	余江县　丰城市 新干县　鄱阳县 星子县	新建县　星子县 进贤县　丰城市 贵溪市　鄱阳县 余干县	乐平市　瑞昌市 彭泽县　余干县 德安县	新建县　丰城市 余干县　鄱阳县 乐平市
不变	南昌县　永修县 安义县　余江县 浮梁县　万年县	南昌县　都昌县 新建县　樟树市 浮梁县　万年县	安义县　高安市 浮梁县　万年县 永修县	南昌县　樟树市 安义县　高安市 永修县　东乡县 星子县　万年县	万年县
下降	瑞昌市　高安市 星子县　丰城市 九江县　樟树市 湖口县　新干县 彭泽县　都昌县 武宁县　东乡县	余干县　彭泽县 进贤县　永修县 安义县　高安市 瑞昌市　武宁县 湖口县　东乡县 德安县　乐平市 九江县　贵溪市	南昌县　新干县 德安县　武宁县 瑞昌市　余江县 乐平市　樟树市 九江县　都昌县 湖口县　东乡县 彭泽县	武宁县　都昌县 鄱阳县　丰城市 浮梁县　余江县 进贤县　新建县 贵溪市　九江县 湖口县　新干县	武宁县　南昌县 瑞昌市　都昌县 九江县　德安县 湖口县　贵溪市 彭泽县　樟树市 星子县　永修县 进贤县　余江县 浮梁县　新干县 安义县　东乡县 高安市

4.4　粮食全要素生产率空间差异分析

图 4-3 显示了 2002—2014 年鄱阳湖生态经济区粮食全要素生产率、技术效率、技术进步、纯技术效率、规模效率等变异系数的时序演变。总的来说，鄱阳湖生态经济区各县（市）粮食全要素生产率的变异系数波动较为频繁，说明各县（市）的粮食全要素生产率的差异不稳定。技术效率、纯技术效率、规模效率等的变异系数比较稳定，均在[0，0.1]范围变化，从总体的变化来看，技术效率、纯技术效率、规模效率等的变异系数在不断缩小，说明鄱阳湖生态经济区粮食技术效率、纯技术效率、规模效率总体差异在趋于稳定且在变小。技术进步的变异系数和粮食全要素生产率的变异系数的波动趋势是一致的，说明 2002—2014 年技术进步是影响鄱阳湖生态经济区粮食全要素生产率的主要因素。因此，应根据影响鄱阳湖生态经济区粮食全要素生产率的主导因素，对各地区实施有针对性的政策来提高粮食全要素生产率，从而提高粮食总产量。具体分析如下。

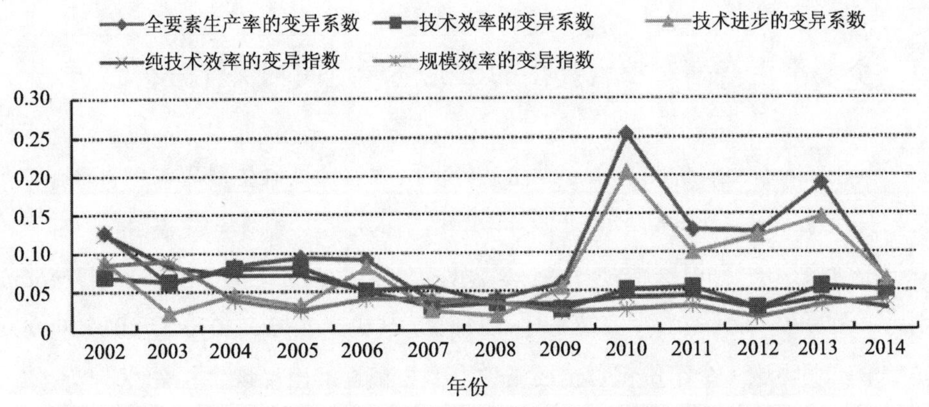

图 4-3　鄱阳湖生态经济区粮食全要素生产率空间差异的时序演变

2002—2014 年，鄱阳湖生态经济区粮食全要素生产率的变异系数变化趋势主要分为两个阶段：第一阶段为 2002—2008 年，粮食全要素生产率呈波动减少的变化趋势，说明在此期间粮食全要素生产率差异在缩小；第二阶段为 2009—2014 年，粮食全要素生产率呈连续“M”型的周期变化态势，说明在此期间鄱阳湖生态经济区各县（市）的粮食全要素生产率的差异在周期性的变化，这也验证了一般经济学的周期规律。

各县（市）粮食技术进步的变异系数变化趋势和粮食全要素生产率的变异系数变化趋势基本一致，由于变异系数指数反映了各县（市）的粮食技术进步的差异，再通过影响粮食全要素生产率，进而反映粮食全要素生产率的变异系数，说明技术进步的变异系数是各县（市）粮食全要素生产率变异系数演变的重要原因。

2002—2014 年，鄱阳湖生态经济区各县（市）粮食技术效率、纯技术效率、规模效率等的变异系数变化基本一致且呈总体呈缩小的变化趋势，说明鄱阳湖生态经济区粮食粮食技术效率、纯技术效率、规模效率差异较小，纯技术效率、规模效率对粮食技术效率的影响趋于稳定，变化差异较小。

4.5　粮食全要素生产率空间探索性分析

粮食全要素生产率是影响粮食生产的关键因素之一，为进一步探究鄱阳湖生态经济区粮食全要素生产率对粮食产出的空间相关性，选取 2002、2006、2010 和 2014 年等 4 个年份，对鄱阳湖生态经济区粮食全要素生产率和粮食生产之间的二元全局空间自相关和二元局部空间自相关进行探讨。

4.5.1　全要素生产率对粮食产出的二元全局空间相关性分析

本节利用 GeoDA 软件测算鄱阳湖生态经济区粮食全要素生产率与粮食产出二元全局空间自相关指标——Moran's I 指数（图 4-4），用于揭示整个鄱阳湖生态经济区粮食全要素生产率与粮食产出的空间依赖程度，结果显示，2002、2006、2010 和 2014 年 Moran's I 指数分别为−0.079 0、0.086 9、−0.178 1、−0.110 7。其中，2002、2010 和 2014 年 Moran's I 指数是负值，表明这 3 个年份粮食全要素生产率与粮食产出呈现负相关性，即全要素生产率高的核心县（市）被粮食产出低的相邻县（市）包围着，粮食全要素生产率与粮食产出处于不平衡发展状况，2006 年的 Moran's I 指数为正值，表明粮食全要素生产率与粮食产出呈现正相关性，即全要素生产率高的核心县（市）被粮食产出高的相邻县（市）包围着，粮食全要素生产率与粮食产出处于平衡发展状况。

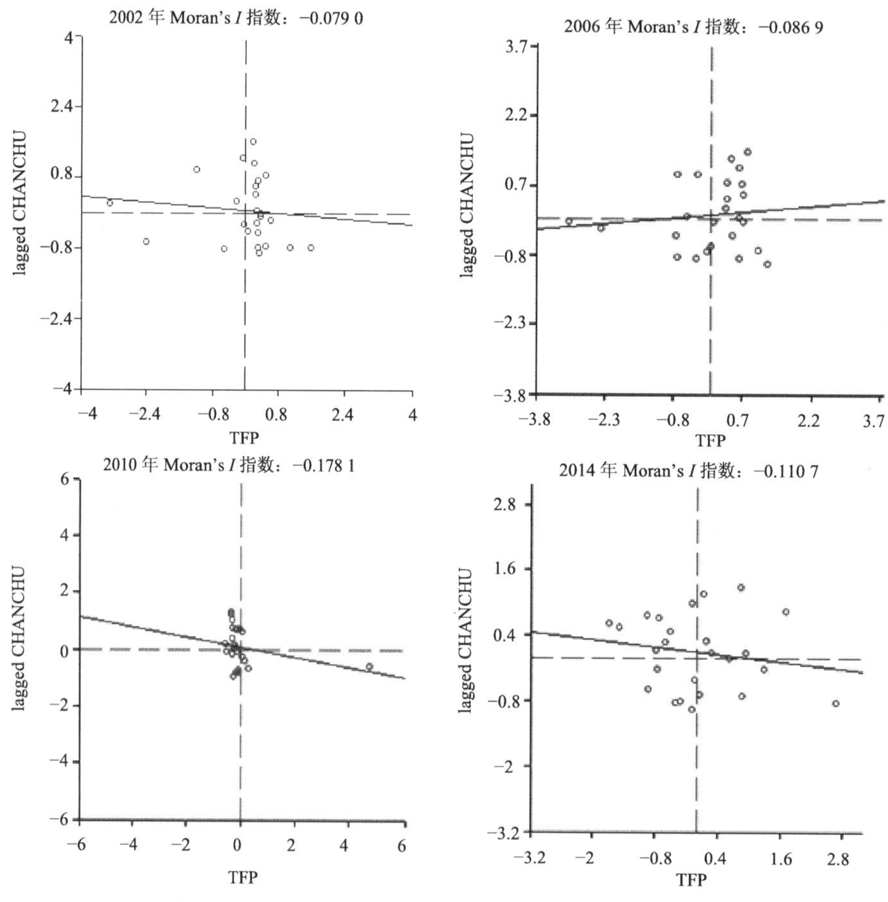

图 4-4　鄱阳湖生态经济区粮食全要素生产率和粮食产出二元全局 Moran 散点图

4.5.2 全要素生产率对粮食产出的二元局部空间相关性分析

为更直观观察鄱阳湖生态经济区内部各县（市）粮食全要素生产率和粮食产出的空间分布情况，揭示鄱阳湖生态经济区内某县（市）粮食全要素生产率与其相邻县（市）粮食产出的相关程度，本节定义在研究区域内，某地区粮食全要素生产率与相邻地区粮食产出空间差异较小，且其两者均处于上升的区域为高-高地区（H-H）；某地区粮食全要素生产率与相邻地区粮食产出空间差异较小，且其两者均处于下降的区域为低-低地区（L-L）；某地区粮食全要素生产率与相邻地区粮食产出空间差异较大，某地区粮食全要素生产率上升，但其相邻地区粮食产出下降为高-低地区（H-L）；某地区粮食全要素生产率与相邻地区粮食产出空间差异较大，某地区粮食全要素生产率下降，但其相邻地区粮食产出上升为低-高地区（L-H）。利用 GeoDA 软件，在 *Z* 检验 5%的条件下绘制生成 2002、2006、2010 和 2014 年鄱阳湖生态经济区粮食全要素生产率和粮食产出二元 LISA 集聚图（图 4-5）。

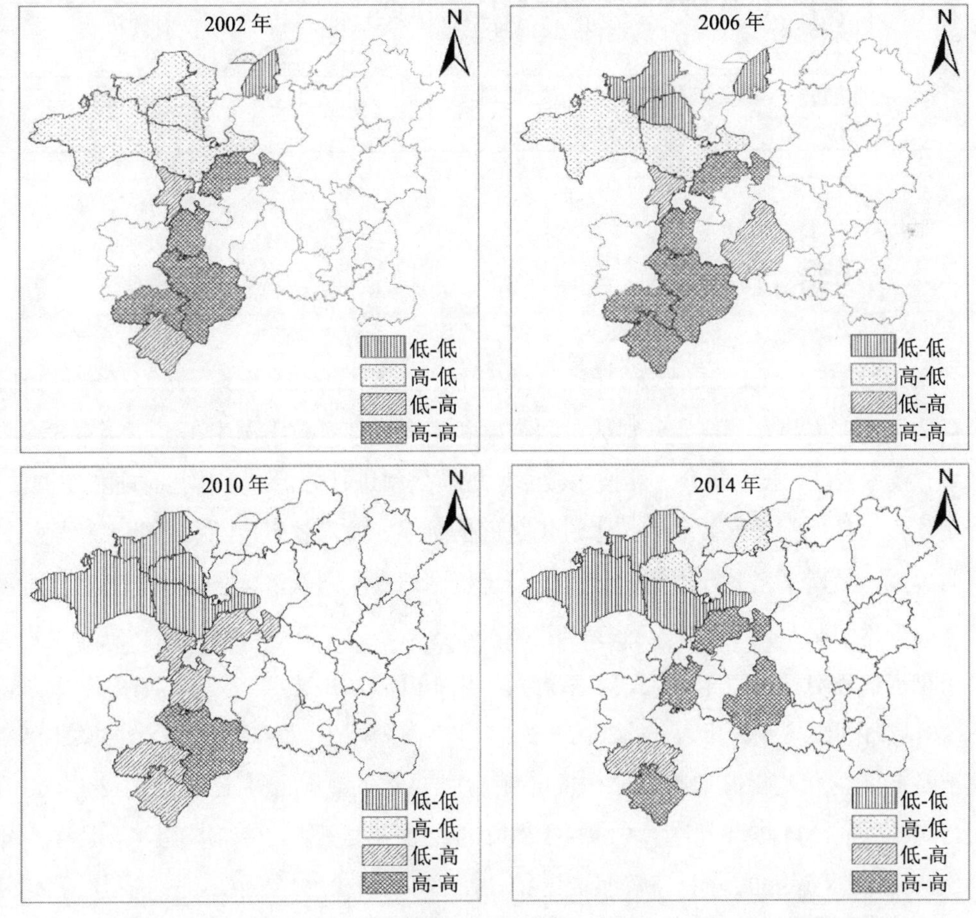

图 4-5 鄱阳湖生态经济区粮食全要素生产率和粮食产出二元 LISA 集聚图

由图 4-5 可知，鄱阳湖生态经济区粮食全要素生产率与粮食产出处于“低-低”地区的县（市），2002 年 1 个，2006 年 3 个，2010 年 4 个，2014 年 3 个；处于“高-低”地区的县（市），2002 年 5 个，2006 年 2 个，2010 年没有，2014 年 2 个；处于“低-高”地区的县（市），2002 年 2 个，2006 年 2 个，2010 年 4 个，2014 年 1 个；处于“高-高”地区的县（市），2002 年 3 个，2006 年 4 个，2010 年 1 个，2014 年 3 个，具体见表 4-8。

表 4-8 鄱阳湖生态经济区全要素生产率和粮食产出局部空间相关性演变

	2002 年	2006 年	2010 年	2014 年
低-低	湖口县	湖口县 瑞昌市 德安县	瑞昌市 德安县 永修县 武宁县	瑞昌市 武宁县 永修县
高-低	九江县 瑞昌市 武宁县 德安县 永修县	武宁县 永修县		德安县 湖口县
低-高	新干县 安义县	安义县 进贤县	樟树市 新干县 安义县 新建县	樟树市
高-高	樟树市 丰城市 新建县	新干县 樟树市 丰城市 新建县	丰城市	新干县 新建县 进贤县

4.6 本章小结

本章采用 DEA-Malmquist 指数模型对鄱阳湖生态经济区 25 个县（市）2002—2014 年粮食全要素生产率进行测算，分别从时间维度和空间维度对鄱阳湖生态经济区粮食全要素生产率、技术效率、技术进步、纯技术效率、规模效率进行分析，通过其时序和空间演变，摸清全要素生产率与技术效率和技术进步之间的关系、技术效率与纯技术效率和规模效率之间的关系，最后采用变异系数法，进一步解析鄱阳湖生态经济区各县（市）粮食全要素生产率、技术效率、技术进步、纯技术效率、规模效率的差异，为提高粮食生产率以及粮食总产量提供针对性的政策建议。本章得到了以下几方面结论：

（1）从时间维度上分析可知，2002—2014 年，鄱阳湖生态经济区粮食全要素生产率整体呈上升趋势，年均上升 1.2%。2013 年粮食全要素生产率上升最快，比上一年上升了 16.1%，其次是 2004 年，上升了 10.9%；2012 年粮食全要素生产率下降最多，比上一年下降了 5.1%，其次是 2006 年，下降了 5.0%。

（2）从空间维度上分析可知，2002—2014 年，鄱阳湖生态经济区粮食全要素生产率上升的县（市）有南昌县、新建县、安义县、进贤县、乐平市、九江县、武宁县、永修县、德安县、星子县、都昌县、湖口县、彭泽县、瑞昌市、丰城市、樟树市、高安市、余干县、鄱阳县等 19 个县（市）；粮食全要素生产率下降的县（市）有浮梁县、贵溪市、余江县、新干县、东乡县、万年县等 6 个县（市）。

（3）从鄱阳湖生态经济区粮食全要素生产率的差异分析可知，鄱阳湖生态经济区各县（市）粮食全要素生产率的变异系数波动较为频繁，大致分为两个阶段。第一阶段为 2002—2008 年，粮食全要素生产率呈波动减少的变化趋势；第二阶段为 2009—2014 年，粮食全要素生产率呈“M”型的周期变化态势。

（4）2002—2014 年，鄱阳湖生态经济区粮食全要素生产率与粮食产出的二元全局空间自相关呈先增强后减弱演变过程，而二元局部空间自相关主要集中在鄱阳湖生态经济区西部，从集聚相关程度来看，处于高-高地区的县（市）重心由西南向西北方向移动；处于高-低地区的县（市）重心由西北向北方向移动；处于低-高地区的县（市）重心由西南向西北方向移动；处于低-低地区的县（市）重心由北向西北方向移动。

第5章 鄱阳湖生态经济区粮食生产技术效率及驱动因素分析

5.1 引言

“国以民为本，民以食为天”，确保粮食安全一直以来是我国农业政策的主要目标之一。随着党中央、国务院出台一系列“支农、扶农、惠农”政策，我国已成功实现了粮食生产“十二连增”，推翻了布朗等人提出的“粮食威胁论”[①]。然而，在经济快速发展的同时，粮食生产可持续性问题也越来越突出。目前我国每年化肥施用量大概为 5 460 万 t，化肥大量施用给环境带来了巨大破坏。每年流入长江、黄河以及珠江并溶解的无机氮高达 9 715 万 t，其中 90%来源于农业生产。2015 年“中央一号”文件也强调“强化对粮食主产省和主产县的政策倾斜，保障产粮大县重农抓粮得实惠、有发展”，鄱阳湖生态经济区是江西省传统农区，一直以来粮食生产在全省粮食生产中占有重要地位。在此背景下，研究该区域粮食生产技术效率的差异和演变过程，并探讨粮食生产与环境的协调性，有利于正确掌握鄱阳湖生态经济区农业科技及相关要素投入的利用状况，对统筹粮食生产与环境协调发展，实现粮食经济可持续发展具有重要意义。

目前，国内外一些学者已从不同视角对粮食生产技术效率进行了研究。在粮食生产技术效率测算方法方面，一些学者分别运用柯布-道格拉斯（C-D）生产函数、随机前沿生产函数、粮食生产潜力实现率和 DEA-Malmquist 指数进行了测算。如周四年（2003）采用 C-D 生产函数，通过对数变换，对我国粮食生产影响因素进行分析。亢霞等（2005）利用 1992—2002 年分省的成本和产量数据，对了小麦、玉米、大豆、粳稻、早籼稻、中籼稻和

① 这个说法的根源在于 1994 年莱斯特·布朗出版了《谁来养活中国》一书。他认为未来的中国，粮食供应将成为大问题，中国需要从国际市场上进口大量粮食，从而引起国际粮食市场的恐慌。他的观点在国际社会引起了轰动，形成了以他为代表的“中国粮食威胁论”。

晚籼稻的数据进行处理，采用随机前沿面函数，测算了上述作物的技术效率以及分析其变动趋势。吴绍洪等（2007）采用PS123作物生长模型进行作物生产潜力计算，根据山东省禹城市实际状况，确定了模型输入参数，计算了研究区玉米、小麦和大豆的光合、光温、气候和气候-土壤生产潜力，采用作物结构订正计算区域粮食生产潜力。王利明等（2006）运用基于DEA分析法的Malmquist指数对我国不同种类水稻，从生产率增长、技术进步和技术效率方面分析了其时序变动趋势和空间分布特征。

在粮食生产技术效率影响因素分析方面，一些学者研究涉及的主要影响因素有：自然因素、农业政策、农村劳动力转移、外部性因素、耕地细碎化等。如龙方等（2011）研究得出中国稻谷总产量年际变化主要是由播种面积变化和单产变化决定的，其中，单产变化是主要的，其影响程度接近60%。而稻谷单产变化又是由技术因素、社会因素和自然因素决定的，其中又以自然因素为主，其影响程度占48%～56%。张淑杰等（2012）在现行农业补贴政策效率及其影响因素分析的基础上，运用DEA-Tobit模型和河南省粮食重点生产县农户层次的实地调研数据进行验证。研究结果表明农业补贴政策存在较高比例的DEA无效，农业补贴次数、亩均农业补贴水平、农业补贴类型与补贴次数、农资价格上涨、农户对目前农业补贴计算方式的评价等因素对农业补贴政策效率具有显著影响。陈素琼等（2012）将农户分为四种不同类型劳动力转移农户，采用辽宁省的调研数据研究不同代际劳动力转移对农户水稻生产中投入要素和技术效率的影响。研究显示务工收入使劳动力转移农户投入更多的化肥费用，同时由于劳动力转移在汇款上的代际差异，第一代劳动力转移农户、第一代和新生代劳动力转移并存农户比新生代劳动力转移农户投入更多化肥费用。张海鑫等（2012）对安徽丘陵地区粮食作物种植农户的问卷调查数据，通过建立超越对数随机前沿生产函数，分析了粮食生产技术效率及其损失的影响因素，重点考察了耕地细碎化对技术效率的影响。研究结果表明农户农业生产技术效率仅为77.97%，效率损失严重；丘陵地区粮食生产中已出现劳力投入过剩现象，而耕地的细碎化现状又使农机使用处于“进退维谷”①状态；土地质量是影响农业产出的关键因素之一。

在提高粮食生产技术效率方面，一些学者认为加大粮食科技成果转化推广、科技创新力度是关键、也有学者认为粮食种植结构的合理调整也可以提高粮食生产技术效率等。如王济民等（2012）采用数据包络分析（DEA）结合Malmquist指数，测算了10年来我国粮食综合技术效率和全要素生产率的变化，揭示了我国粮食生产增长的源泉及存在的问题。研究表明在影响全要生产率的因素中，由技术创新所决定的技术进步呈现下降趋势，由新技术转化推广所决定的纯技术效率不断上升，规模效率则没有得到任何改进；从地区

① 无论是进还是退，都是处在困境之中，形容处境艰难，进退两难。

来看，非粮食主产省全要素生产率有所提高，而粮食主产省虽然技术效率稍有改善，但技术进步下降，全要素生产率呈现下降趋势。因此，加快非粮食主产区粮食科技成果转化推广、加大粮食主产区科技创新力度、全面提高全国粮食生产效率成为保障粮食生产持续增产的关键。钟甫宁等（2013）对粮食生产进行研究，发现粮食内部种植结构调整、高产作物对低产作物的种植替代也是促进粮食持续增产的不可忽视的重要因素。

综上所述，现有研究采用不同方法、从不同视角对粮食生产技术效率进行了探究，为本章奠定了坚实的理论和实践基础。但现有研究也存在需要进一步深入的地方，如缺少对鄱阳湖生态经济区的研究，更缺乏对粮食生产环节污染问题的足够关注。因此，本章首先对粮食生产环节污染物进行科学测算，将其作为粮食生产的“非合意产出”，利用 2001—2014 年鄱阳湖生态经济区 25 个县（市）面板数据，运用方向距离函数对鄱阳湖生态经济区 25 个县（市）粮食生产传统技术效率与环境技术效率进行测算，并对两者时空差异进行分析，以揭示空间平均意义的不同县（市）动态差异特征，此外分别对 2001、2006、2011、2014 年及 2001—2014 年的鄱阳湖生态经济区粮食生产传统技术效率和环境技术效率进行排名，根据它们排名的变化规律，以便于进一步摸清鄱阳湖生态经济区各县（市、区）两种技术效率动态差异特征。在此基础上运用等间距法对粮食生产环境技术效率划分，对鄱阳湖生态经济区 25 个县（市）粮食生产与环境的协调性进行了探究，最后对影响鄱阳湖生态经济区粮食生产环境技术效率的因素进行分析。

5.2 研究方法、指标选取与数据来源

5.2.1 研究方法

（1）粮食生产的环境技术构造

本章考虑了粮食生产环节排放的污染物，故粮食生产可行性集合既包含合意产出（y），又包含非合意产出（b），根据 Fare 等（2007）提出的环境生产技术，构建一个同时包含合意产出和非合意产出的鄱阳湖生态经济区 25 个县（市）的粮食生产可行性集合，即粮食生产的环境技术。假定每个县（市）每个时期粮食生产使用 N 种要素投入 $x=(x_1,x_2,\cdots,x_n)\in R_N^{\ +}$，合意产出为 M 种“好”产出 $y=(y_1,y_2,\cdots,y_M)\in R_M^{\ +}$，非合意产出为 L 种“坏”产出 $b=(b_1,b_2,\cdots,b_l)\in R_L^{\ +}$，非合意产出由生产过程中排放的污染物构成，因此，“多投入—多产出”的生产可行性集合为 $S(x)=\{(y,b):x能够生产（y，b)\}$。

（2）环境技术效率与方向距离函数

本章根据 Chung 等（1997）采用的方向距离函数（directional distance function，DDF）方法，设方向向量 $g^t{}_m = g(g^t{}_{m,y}, -g^t{}_{m,b})$，则鄱阳湖生态经济区 25 个县（市）环境方向距离函数为

$$\vec{D}(x^t{}_m, y^t{}_m, b^t{}_m, g^t{}_{m,y}, -g^t{}_{m,b}) = \max[\beta : (y^t{}_m + \beta g^t{}_{m,y}, b_m{}^t - \beta g^t{}_{m,b}) \in S^t(x^t{}_m)] \tag{5-1}$$

式中，$y_m{}^t$ 增加的最大值是沿着 $g^t{}_{m,y}$ 方向；$b^t{}_m$ 减少的最大值是沿着 $g^t{}_{m,b}$ 方向；β是合意产出 $y_m{}^t$ 增加和非合意产出 $b^t{}_m$ 减少的最大可能数量。

由上式可知，鄱阳湖生态经济区 25 个县（市）环境方向距离函数主要由投入产出值 $(x^t{}_m, y^t{}_m, b^t{}_m)$ 和方向向量 $g^t{}_m$ 决定。粮食生产环境技术效率为合意产出的实际量 $y^t{}_{m^k}$ 与生产技术前沿产出量$(1+\beta)$ $y^t{}_{m^k}$ 的比值，公式具体如下：

$$\text{ETE}（y^t{}_{m^k}，x^t{}_{m^k}，b^t{}_{m^k}；y^t{}_{m^k}, -b^t{}_{m^k}) = 1/(1+\beta) = 1/[1 + D^T(y^t{}_{m^k}，x^t{}_{m^k}，b^t{}_{m^k}；y^t{}_{m^k}, -b^t{}_{m^k})] \tag{5-2}$$

式中，$\beta \geqslant 0$，当$\beta=0$ 时，ETE=1，表示该生产决策单元为“最佳实践者”，处于生产前沿面上；当$\beta > 0$ 时，ETE＜1，表示该生产决策单元处于生产前沿面内部且 ETE 值越大则离生产前沿面越近。

本章方向向量确定为 $g^t = (y^t, -b^t)$，其含义是合意产出与非合意产出在现有基础上进行 1∶1 比例性增减。因此，通过线性规划计算出方向距离函数，进而得出 ETE。生产单元 $m^k(y^t_{m^k}, x^t_{m^k}, b^t_{m^k})$ 在粮食生产环境技术可行集 $S^t(x^t)$ 条件下，鄱阳湖生态经济区 25 个县（市）环境方向距离函数为

$$\vec{D}(x^t{}_{m^k}, y^t{}_{m^k}, b^t{}_{m^k}, y^t{}_{m^k}, -b^t{}_{m^k}) = \max \beta \tag{5-3}$$

$$\text{s.t.} \quad \sum_m^{25} z^t{}_m y^t{}_m \geqslant (1+\beta) y^t{}_{m^k}, \quad m = 1, 2, \cdots, 25 \tag{5-4}$$

$$\sum_m^{25} z^t{}_m b^t{}_{m,l} \geqslant (1-\beta) b^t{}_{m,l}, \quad l = 1, 2, \cdots, L \tag{5-5}$$

$$\sum_m^{25} z^t{}_m x^t{}_{m,n} \leqslant x^t{}_{m^k,n}, \quad n = 1, \cdots, N; \quad z^t{}_m \geqslant 0; \quad \sum_{l=1}^{L} b^t{}_{m^k,l} > 0 \tag{5-6}$$

5.2.2 指标选取

投入指标：本章拟选取五类投入指标，即劳动力投入、土地投入、机械动力投入、

水资源投入和化肥投入。其中，劳动力投入以第一产业从业人员表示；土地投入以粮食作物播种面积表示；机械动力投入以农业机械总动力表示；水资源投入以有效灌溉面积表示；化肥投入以农用化肥使用折纯量表示。以上投入指标皆为农业口径统计数据，为准确计算粮食生产投入情况，本章采用权重系数将粮食生产投入要素从广义农业中剥离出来，其中，权重系数 $A1$=粮食作物播种总面积/农作物播种总面积，$A2$=（农业产值/农林牧副渔总产值）×（粮食作物播种总面积/农作物播种总面积）。最终土地投入仍然用粮食作物的播种面积表示，劳动力投入用第一产业从业人员乘以 $A2$ 表示，机械动力、水资源、化肥等投入用原有投入值分别乘以 $A1$ 表示。

产出指标：拟选取两类产出指标，即合意产出和非合意产出。合意产出用 25 个县（市）各年的粮食总产量表示；非合意产出用总氮（TN）、总磷（TP）表示（由于粮食的污染物产生源有化肥、农药和农膜，而农药和农膜无法测算面源污染量，因此，本章仅测算化肥面源污染量作为非合意产出）。计算方法如下：

$$F_{\text{pollution}} = Fertilizer \times K \times \mu \times \eta \tag{5-7}$$

式中，$F_{\text{pollution}}$ 为化肥使用引起的 TN 或 TP 污染负荷；$Fertilizer$ 为化肥使用折纯量；K 为氮肥、磷肥所占比例，分别按 42%和 18%计算；μ为氮肥、磷肥有效成分中 N、P 所占比例，分别按 30%和 18%计算；η为氮肥或磷肥进入水体的流失率，分别按 25%和 20%计算；K、μ、η具体比例来源于吴罗发（2012）的鄱阳湖区农业面源污染研究。

得到总氮（TN）、总磷（TP）排放量具体公式如下：

总氮（TN）排放量=化肥使用折纯量×0.42×0.3×0.25　　（5-8）

总磷（TP）排放量=化肥使用折纯量×0.18×0.18×0.20　　（5-9）

根据 GB 3838—2002 中的Ⅲ类水质标准，将 TN、TP 污染物转换为等标污染排放量。计算公式为：等标污染排放量（m^3）=污染物排放总量/污染物排放评价标准。其中，TN、TP 污染物排放评价标准分别为 1 mg/L 和 0.2 mg/L。因此，本章采用的等标排放量=TN 排放量/1+TP 排放量/0.2。

5.2.3 数据来源

考虑到共青城市、渝水区、临川区、东湖区、西湖区、青云谱区、青山湖区、湾里区、昌江区、珠山区、庐山区、浔阳区和月湖区等 13 个地区城市化水平较高，粮食生产所占比例很低，对研究结果影响不大，因此，本章选择鄱阳湖生态经济区 25 个县（市）为研究对象，分别为南昌县、新建县、安义县、进贤县、浮梁县、乐平市、九江县、武宁县、永修县、德安县、星子县、都昌县、湖口县、彭泽县、瑞昌市、余江县、贵溪市、新干县、丰城市、樟树市、高安市、东乡县、余干县、鄱阳县、万年县等 25 个县（市），时间序列为 2001—2014 年，研究数据主要来源于《江西统计年鉴》（2002—2015），部分数据基于年鉴数据计算获得。

5.3 鄱阳湖生态经济区粮食生产技术效率测算结果与分析

本节运用方向距离函数，采用 MAXDEA5.0 软件，对鄱阳湖生态经济区 25 个县（市）粮食生产进行技术效率测算。为了更好地对当前粮食生产的可持续性进行探究，将分别测算包含环境污染因素的粮食生产环境技术效率和不包含环境污染因素的粮食生产传统技术效率。

5.3.1 粮食生产环境技术效率分析

在考虑环境污染因素的情况下，鄱阳湖生态经济区 25 个县（市）粮食生产环境技术效率如表 5-1 所示。从时序演变来看，同一年份不同县（市）之间以及同一县（市）不同年份间粮食生产环境技术效率均存在较大差异。总体而言，25 个县（市）2001—2014 年粮食生产环境技术效率总体变化呈先持续下降后持续上升再持续下降态势，其中粮食生产环境技术效率 2001 年最高为 0.879 1，2008 年最低为 0.733 9。从粮食生产环境技术效率测算结果来看，粮食生产环境技术效率距离生产前沿面差距较大，表明粮食生产环境技术效率提升的空间也较大。从空间分异来看，2001—2014 年，鄱阳湖生态经济区 25 个县（市）粮食生产环境技术效率年均值为 0.790 6。其中，九江县粮食生产环境技术效率最高，年均值为 0.969 3；其次是彭泽县，年均值为 0.948 3；新建县粮食生产环境技术效率最低，年均值为 0.616 9；其次是都昌县，年均值为 0.647 3。

5.3.2 粮食生产传统技术效率分析

为了进一步分析鄱阳湖生态经济区粮食生产环境技术效率与传统技术效率的差异，本研究对鄱阳湖生态经济区粮食生产传统技术效率进行了测算。

在不考虑环境污染因素的情况下，鄱阳湖生态经济区 25 个县（市）粮食生产传统技术效率如表 5-2 所示。从时序演变来看，同一年份不同县（市）之间以及同一县（市）不

表 5-1　鄱阳湖生态经济区粮食生产环境技术效率

地区	2001	2002	2003	2004	2005	2006	2007	2008	2009	2010	2011	2012	2013	2014
南昌县	0.783 5	0.808 2	0.760 4	0.722 7	0.721 9	0.672 9	0.643 3	0.638 9	0.628 4	0.603 0	0.607 6	0.612 7	0.617 5	0.622 3
新建县	0.741 3	0.708 1	0.665 0	0.624 6	0.676 5	0.619 8	0.628 7	0.671 4	0.603 2	0.560 7	0.552 6	0.538 4	0.530 8	0.515 2
安义县	1.000 0	0.868 1	0.876 2	0.778 4	0.846 8	0.816 4	0.807 6	0.810 1	0.843 9	0.823 5	0.820 2	1.000 0	0.844 2	0.842 1
进贤县	0.838 7	0.848 9	0.831 3	0.796 3	0.774 8	0.761 0	0.731 1	0.721 5	0.746 2	0.688 3	0.895 1	0.721 3	0.726 9	0.718 8
浮梁县	0.755 3	0.757 0	0.718 3	0.693 3	0.643 8	0.626 4	0.603 7	0.588 3	0.577 7	0.561 8	1.000 0	1.000 0	0.779 0	0.789 6
乐平市	0.777 9	0.739 7	0.710 8	0.678 5	0.654 7	0.635 1	0.625 5	0.619 8	0.609 3	0.618 2	1.000 0	1.000 0	0.806 0	0.818 9
九江县	0.998 2	0.940 2	1.000 0	1.000 0	0.903 3	0.950 2	0.905 1	0.924 0	0.948 6	1.000 0	1.000 0	1.000 0	1.000 0	1.000 0
武宁县	0.989 7	0.893 1	0.963 8	0.943 0	1.000 0	0.868 5	0.723 3	0.735 6	0.797 3	1.000 0	1.000 0	0.683 9	0.796 5	0.783 1
永修县	1.000 0	0.914 0	1.000 0	0.904 0	0.878 0	0.816 1	0.817 9	0.802 8	0.802 2	0.818 6	1.000 0	1.000 0	1.000 0	0.904 5
德安县	1.000 0	0.990 7	1.000 0	1.000 0	1.000 0	0.817 2	0.795 0	0.802 7	0.778 4	0.775 2	1.000 0	1.000 0	1.000 0	0.878 2
星子县	1.000 0	0.612 9	0.626 6	0.700 8	0.849 4	0.612 9	0.612 9	0.612 1	0.640 2	1.000 0	0.786 9	0.613 1	0.697 5	0.693 7
都昌县	0.800 1	0.719 5	0.677 1	0.636 0	0.706 0	0.689 2	0.676 5	0.669 8	0.708 0	0.659 0	0.658 1	0.380 7	0.550 1	0.532 5
湖口县	0.904 0	0.777 2	0.803 8	0.770 5	0.771 9	0.751 7	0.784 9	0.842 5	0.863 1	0.882 9	0.880 1	0.797 3	0.842 2	0.845 8
彭泽县	0.927 3	0.886 0	1.000 0	1.000 0	0.950 3	0.813 3	0.911 4	0.895 0	0.937 4	0.979 7	1.000 0	1.000 0	1.000 0	0.975 9
瑞昌市	0.729 9	0.769 5	0.844 1	0.857 6	0.820 0	0.816 9	0.839 7	0.814 7	0.809 1	0.786 5	0.748 0	0.769 1	0.791 3	0.789 9
余江县	1.000 0	1.000 0	0.942 0	0.891 6	0.805 1	0.792 4	0.836 0	0.698 9	0.674 7	0.653 4	1.000 0	0.764 0	0.702 4	0.681 5
贵溪市	0.822 9	0.784 8	0.748 2	0.773 8	0.725 9	0.684 5	0.637 0	0.608 5	0.587 0	0.586 8	0.550 0	0.539 7	0.723 2	0.674 8
新干县	0.913 9	0.894 5	0.871 8	0.814 5	0.753 6	0.738 7	0.774 1	0.751 4	0.763 3	0.473 4	0.820 8	0.650 4	0.768 4	0.618 9
丰城市	0.876 5	0.803 5	0.771 7	0.737 0	0.732 4	0.715 6	0.724 4	0.781 6	0.732 7	0.871 0	0.810 4	0.743 3	0.775 0	0.799 9
樟树市	0.781 2	0.793 3	0.810 7	0.916 7	1.000 0	0.962 2	0.840 8	0.827 3	1.000 0	1.000 0	1.000 0	0.891 9	1.000 0	0.909 5
高安市	0.769 1	0.765 4	0.751 9	0.731 8	0.723 8	0.715 3	0.732 4	0.777 6	0.797 2	0.767 2	1.000 0	0.680 0	0.767 6	0.855 3
东乡县	1.000 0	0.780 9	0.862 3	0.850 7	0.733 9	0.688 9	0.673 8	0.646 3	0.594 1	0.557 5	0.565 4	0.568 1	0.570 8	0.573 5
余干县	0.713 1	0.712 3	0.679 8	0.902 9	1.000 0	0.702 9	0.688 9	0.601 4	0.638 2	0.635 7	0.761 9	0.776 6	0.791 3	0.806 0
鄱阳县	0.855 6	0.832 0	0.618 1	0.702 7	0.666 2	0.617 4	0.631 1	0.686 2	0.694 1	0.663 8	0.677 9	1.000 0	0.720 4	0.662 4
万年县	1.000 0	1.000 0	0.999 9	1.000 0	0.940 9	0.748 8	0.745 7	0.820 5	1.000 0	0.876 2	1.000 0	1.000 0	1.000 0	0.933 2
均值	0.879 1	0.824 0	0.821 4	0.817 1	0.811 2	0.745 4	0.735 6	0.734 0	0.751 0	0.753 7	0.845 4	0.789 2	0.792 0	0.769 0

表 5-2　鄱阳湖生态经济区粮食生产传统技术效率

地区	2001	2002	2003	2004	2005	2006	2007	2008	2009	2010	2011	2012	2013	2014
南昌县	0.874 6	0.909 5	0.835 5	0.838 3	0.824 4	0.781 3	0.784 8	0.809 3	0.796 8	0.745 4	0.803 7	0.806 5	0.758 8	0.749 8
新建县	0.770 1	0.733 0	0.620 9	0.749 2	0.818 0	0.809 6	0.842 9	0.880 6	0.847 2	0.770 3	0.775 2	0.765 3	0.829 2	0.836 5
安义县	1.000 0	0.871 6	0.816 7	0.812 7	0.739 1	0.757 3	0.779 1	0.814 7	0.888 5	0.863 0	0.866 9	1.000 0	0.871 5	0.874 6
进贤县	0.796 6	0.808 4	0.803 7	0.828 4	0.829 1	0.851 9	0.851 8	0.863 3	0.890 7	0.834 2	0.956 5	0.874 9	0.913 3	0.923 1
浮梁县	0.835 8	0.834 4	0.790 1	0.813 4	0.757 3	0.755 7	0.758 8	0.816 2	0.827 1	0.840 7	0.838 6	0.840 7	0.824 8	0.827 3
乐平市	0.845 5	0.828 0	0.798 3	0.846 0	0.807 6	0.796 8	0.819 4	0.821 0	0.834 8	0.841 5	0.822 5	0.823 9	0.824 3	0.824 4
九江县	0.789 8	0.849 2	0.942 3	0.973 5	0.840 1	0.962 8	0.935 1	0.910 1	0.900 9	1.000 0	1.000 0	1.000 0	1.000 0	1.000 0
武宁县	0.962 4	0.896 8	0.928 3	0.966 4	1.000 0	0.938 4	0.857 6	0.869 4	0.909 5	1.000 0	1.000 0	0.845 9	0.917 4	0.915 3
永修县	1.000 0	0.955 3	1.000 0	0.917 5	0.700 4	0.743 4	0.797 1	0.833 0	0.879 4	0.875 8	1.000 0	1.000 0	1.000 0	1.000 0
德安县	1.000 0	0.978 2	0.976 9	1.000 0	1.000 0	0.832 0	0.775 7	0.878 9	0.808 2	0.851 1	1.000 0	1.000 0	1.000 0	1.000 0
星子县	1.000 0	0.611 0	0.622 3	0.807 3	0.916 4	0.737 6	0.674 0	0.701 2	0.753 5	1.000 0	0.899 6	0.760 9	0.827 4	0.833 1
都昌县	0.728 6	0.669 6	0.547 3	0.626 4	0.788 2	0.802 8	0.795 2	0.808 5	0.865 2	0.824 9	0.849 8	0.727 4	0.861 9	0.878 7
湖口县	0.871 3	0.717 3	0.746 3	0.738 5	0.711 6	0.703 2	0.714 4	0.707 3	0.778 3	0.767 5	0.819 2	0.805 5	0.769 0	0.770 8
彭泽县	0.846 2	0.839 2	0.941 2	0.999 6	0.907 7	0.840 7	0.791 7	0.869 8	0.955 0	0.989 4	1.000 0	1.000 0	1.000 0	1.000 0
瑞昌市	0.612 7	0.673 9	0.785 5	0.855 2	0.754 5	0.764 3	0.806 5	0.809 4	0.793 5	0.762 9	0.726 5	0.776 7	0.806 0	0.813 0
余江县	1.000 0	1.000 0	0.959 0	0.977 2	0.865 5	0.857 2	0.914 4	0.825 2	0.829 9	0.796 1	1.000 0	0.935 1	0.853 0	0.843 7
贵溪市	0.872 1	0.851 4	0.825 8	0.879 0	0.821 1	0.796 9	0.728 6	0.739 1	0.747 7	0.745 4	0.747 2	0.728 6	0.698 2	0.684 0
新干县	0.945 6	0.908 0	0.880 5	0.870 3	0.836 6	0.838 0	0.888 7	0.883 2	0.908 9	0.644 8	0.940 1	0.862 7	0.824 3	0.817 7
丰城市	0.929 6	0.870 8	0.808 4	0.819 9	0.819 1	0.822 0	0.866 5	0.914 2	0.909 5	0.991 6	0.979 0	0.931 0	0.957 8	0.968 4
樟树市	0.804 7	0.820 8	0.842 8	0.990 3	1.000 0	0.997 7	0.975 8	0.965 4	1.000 0	1.000 0	1.000 0	0.964 6	1.000 0	1.000 0
高安市	0.777 8	0.784 8	0.760 9	0.794 9	0.807 0	0.806 1	0.848 3	0.901 6	0.938 4	0.936 6	1.000 0	0.943 1	0.995 3	1.000 0
东乡县	1.000 0	0.770 3	0.876 5	0.945 9	0.855 2	0.763 0	0.770 2	0.797 5	0.737 8	0.616 0	0.642 8	0.666 3	0.608 4	0.581 0
余干县	0.800 2	0.803 7	0.778 2	0.960 1	1.000 0	0.881 6	0.885 1	0.808 0	0.852 0	0.833 1	0.973 3	0.991 8	0.946 6	0.956 8
鄱阳县	0.898 2	0.879 6	0.666 4	0.830 5	0.786 1	0.735 7	0.839 5	0.910 2	0.909 4	0.901 8	0.893 8	1.000 0	0.905 2	0.914 4
万年县	1.000 0	0.992 2	0.989 2	1.000 0	0.981 0	0.801 7	0.812 6	0.898 9	1.000 0	0.942 3	1.000 0	1.000 0	0.940 3	0.938 6
均值	0.878 5	0.834 3	0.821 7	0.873 6	0.846 6	0.815 1	0.820 6	0.841 4	0.862 5	0.855 0	0.901 4	0.882 0	0.877 3	0.878 1

同年份间粮食生产传统技术效率均存在较大差异。总体而言，25 个县（市）2001—2014 年粮食生产传统技术效率呈先波动下降后波动上升再持续下降态势。其中粮食生产传统技术效率 2011 年最高为 0.901 4，2006 年最低为 0.815 1。从粮食生产传统技术效率测算结果来看，距离生产前沿面也有一定差距，表明粮食生产传统技术效率还有一定提升空间。从空间分异来看，2001—2014 年，鄱阳湖生态经济区 25 个县（市）粮食生产传统技术效率年均值为 0.856 3，其中，樟树市粮食生产传统技术效率最高，年均值为 0.954 4；其次是万年县，年均值为 0.949 8；湖口县粮食生产传统技术效率最低，年均值为 0.758 6；其次是东乡县，年均值为 0.759 4。

由表 5-1、表 5-2 可知，2001 年，鄱阳湖生态经济区 25 个县（市）粮食生产环境技术效率大于粮食生产传统技术效率，其他年份粮食生产环境技术效率均小于粮食生产传统技术效率。可能原因是 2001 年农村经济发展较慢，机械化水平相对较低，化肥使用规模较小，粮食生产引起面源污染给环境带来的压力相对较小。

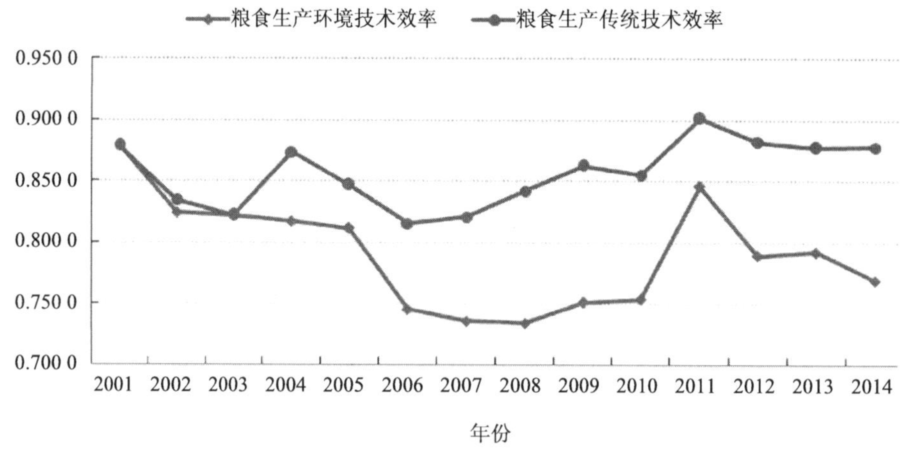

图 5-1　鄱阳湖生态经济区粮食生产环境技术效率与传统技术效率演变趋势

由图 5-1 可知，2001—2003 年，鄱阳湖生态经济区 25 个县（市）粮食生产环境技术效率和粮食生产传统技术效率的差距很小。但 2003 年以后，鄱阳湖生态经济区 25 个县（市）粮食生产两种技术效率的差距整体呈扩大态势。可能原因是鄱阳湖生态经济区化肥过度施用，加上农用物资的大量使用和农村经济的快速发展，引起两种技术效率差距加大。2009 年鄱阳湖生态经济区建设上升为国家战略层面，国家和省、市、县均加大了对鄱阳湖生态经济区生态环境的保护力度，特别是加大了农业生产过程中污染物排放的治理力度，两种技术效率差距开始缩小，但 2011 年之后两种技术效率差距又有扩大的趋势。总的来说两种粮食生产技术效率差距仍然很大，说明鄱阳湖生态经济区粮食生产过程中生态环境保护任务的艰巨性和长期性，需要持续完善的政策引导和技术支持。

5.3.3 两种粮食生产技术效率排名分析

表5-3是鄱阳湖生态经济区25个县（市）粮食生产环境技术效率与传统技术效率不同年份排名情况。从2001—2014年总体来看，考虑环境污染因素后，除进贤县、德安县、星子县排名没有发生变化外，其他各县（市）环境技术效率排名与传统技术效率排名均存在一定差异，有的县（市）甚至存在较大差距。具体来说，樟树市传统技术效率排名最高为第一名，九江县的环境技术效率排名最高为第一名，湖口县传统技术效率排名最低为第二十五名，而环境技术效率排第九名，新建县传统技术效率排第二十名，环境技术效率排名最低为第二十五名。从排名先后顺序来看，新建县、都昌县、贵溪市、东乡县等存在传统技术效率和环境技术效率排名皆靠后的“双重问题”，说明该地区粮食生产急需走粮食生产技术效率和环境质量同时提升的道路。

表5-3 鄱阳湖生态经济区粮食生产技术效率排名

	2001	2006	2011	2014	2001—2014
南昌县	（12，18）	（17，20）	（21，21）	（23，21）	（18，23）
新建县	（23，23）	（11，23）	（22，24）	（16，25）	（20，25）
安义县	（1，1）	（20，6）	（16，15）	（14，9）	（15，8）
进贤县	（20，15）	（6，10）	（12，12）	（10，16）	（14，14）
浮梁县	（17，22）	（21，22）	（18，1）	（18，14）	（17，18）
乐平市	（16，20）	（16，21）	（19，1）	（19，10）	（16，17）
九江县	（21，8）	（2，2）	（1，1）	（1，1）	（3，1）
武宁县	（8，9）	（3，3）	（1，1）	（11，15）	（5，7）
永修县	（1，1）	（22，7）	（1，1）	（1，5）	（7，6）
德安县	（1，1）	（9，4）	（1，1）	（1，6）	（4，4）
星子县	（1，1）	（23，25）	（14，17）	（17，17）	（19，19）
都昌县	（24，17）	（13，17）	（17，21）	（13，24）	（22，24）
湖口县	（14，12）	（25，11）	（20，13）	（22，8）	（25，9）
彭泽县	（15，10）	（7，8）	（1，1）	（1，2）	（6，2）
瑞昌市	（25，24）	（18，5）	（24，19）	（21，13）	（23，11）
余江县	（1，1）	（5，9）	（1，1）	（15，18）	（8，10）
贵溪市	（13，16）	（15，19）	（23，25）	（24，19）	（21，22）
新干县	（9，11）	（8，13）	（13，14）	（20，22）	（13，15）
丰城市	（10，13）	（10，14）	（10，16）	（7，12）	（9，12）
樟树市	（18，19）	（1，1）	（1，1）	（1，4）	（1，5）
高安市	（22，21）	（12，15）	（1，1）	（1，7）	（11，13）

	2001	2006	2011	2014	2001—2014
东乡县	（1，1）	（19，18）	（25，23）	（25，23）	（24，21）
余干县	（19，25）	（4，16）	（11，18）	（8，11）	（10，16）
鄱阳县	（11，14）	（24，24）	（15，20）	（12，20）	（12，20）
万年县	（1，1）	（14，12）	（1，1）	（9，3）	（2，3）

注：表内括号中逗号左边数据为决策单元在观察值期内未包含环境污染因素的粮食传统技术效率排名位数，右边数据为决策单元在观察值期内包含环境污染因素的粮食环境技术效率排名位数。

分年份来看，2001 年安义县、永修县、德安县、星子县、余江县、东乡县、万年县等 7 个县粮食生产两种技术效率排名相同且排名第一，瑞昌市传统技术效率排名最低为第二十五名，环境技术效率排第二十四名，余干县传统技术效率排名为第十九名，环境技术效率排最低为第二十五名。2006 年，樟树市两种技术效率排名相同且排名第一；湖口县传统技术效率排名最低为第二十五名，环境技术效率排第十一名；浮梁县传统技术效率排第二十三名，环境技术效率排名最低为第二十五名。2011 年，九江县、武宁县、永修县、德安县、彭泽县、余江县、樟树市、高安市、万年县等 9 个县（市）两种技术效率排名相同且并列第一；东乡县传统技术效率排名最低为第二十五名，环境技术效率排第二十三名；贵溪市传统技术效率排第二十三名，环境技术效率排名最低为第二十五名。2014 年，九江县、永修县粮食生产两种技术效率排名相同且排名第一名，此外，永修县、德安县、彭泽县、樟树市、高安市等 5 个县（市）传统技术效率排第一名；东乡县传统技术效率排名最低为第二十五名，环境技术效率排第二十三名；都昌县传统技术效率排第十六名，环境技术效率排名最低为第二十五名。

5.4 鄱阳湖生态经济区粮食生产与环境协调性分析

粮食生产环境技术效率反映了粮食生产与环境的协调状况。本研究根据 2001—2014 年鄱阳湖生态经济区 25 个县（市）粮食生产环境技术效率的大小，定义其粮食生产与环境的协调程度，即粮食生产环境技术效率取值在[0，0.55]之间，该地区“粮食生产与环境高度不协调”；取值在（0.55，0.70]之间，该地区“粮食生产与环境较不协调”；取值在（0.70，0.85]之间，该地区“粮食生产与环境较为协调”；取值在（0.85，1.00]之间，该地区“粮食生产与环境高度协调”。

为了更直观显示鄱阳湖生态经济区 25 个县（市）粮食生产环境技术效率空间动态演变情况，本研究分别选取 2001、2006、2011、2014 年等 4 年粮食生产环境技术效率，运用 ArcGIS10.1 空间计量软件作鄱阳湖生态经济区 25 个县（市）粮食生产与环境协调性关系空间分布（表5-4）。

表5-4　鄱阳湖生态经济区粮食生产与环境协调性演变分类

年份	高度协调	较为协调	较不协调	高度不协调
2001	鄱阳县　安义县 丰城市　永修县 九江县　余江县 新干县　星子县 彭泽县　德安县 武宁县　东乡县 湖口县　万年县	余干县　樟树市 瑞昌市　南昌县 乐平市　都昌县 浮梁县　贵溪市 高安市　进贤县 新建县		
2006	武宁县　樟树市 九江县	新干县　余江县 高安市　彭泽县 丰城市　永修县 余干县　德安县 万年县　瑞昌市 湖口县　安义县 进贤县	浮梁县　南昌县 鄱阳县　贵溪市 新建县　东乡县 星子县　都昌县 乐平市	
2011	湖口县　德安县 进贤县　彭泽县 浮梁县　余江县 乐平市　樟树市 九江县　高安市 武宁县　万年县 永修县	瑞昌市　丰城市 余干县　安义县 星子县　新干县	新建县　都昌县 东乡县　鄱阳县 南昌县	贵溪市
2014	高安市　万年县 德安县　彭泽县 永修县　九江县 樟树市	进贤县　余干县 武宁县　乐平市 浮梁县　安义县 瑞昌市　湖口县 丰城市	东乡县　贵溪市 新干县　余江县 南昌县　星子县 鄱阳县	新建县　都昌县

根据表5-4所示，将鄱阳湖生态经济区25个县（市）粮食生产与环境协调性情况总结如下。

2001年，“粮食生产与环境高度协调”的县（市）有鄱阳县、丰城市、湖口县、新干县、彭泽县、武宁县、九江县、安义县、永修县、德安县、星子县、余江县、东乡县和万年县等14个县（市）；“粮食生产与环境较为协调”的县（市）有余干县、瑞昌市、新建县、浮梁县、高安市、乐平市、樟树市、南昌县、都昌县、贵溪市和进贤县等11个县（市）；没有县（市）粮食生产与环境较不协调或高度不协调。

2006 年，“粮食生产与环境高度协调”的县（市）有武宁县、九江县、樟树市等 3 个县（市）；“粮食生产与环境较为协调”的县（市）有余干县、高安市、丰城市、新干县、万年县、湖口县、进贤县、余江县、彭泽县、永修县、安义县、瑞昌市、德安县等 13 个县（市）；“粮食生产与环境较不协调”的县（市）有星子县、鄱阳县、新建县、浮梁县、乐平市、南昌县、贵溪市、东乡县、都昌县等 9 个县（市）；没有县（市）粮食生产与环境高度不协调。

2011 年，“粮食生产与环境高度协调”的县（市）有余江县、进贤县、九江县、樟树市、武宁县、永修县、浮梁县、高安市、德安县、乐平市、彭泽县、万年县、湖口县等13 个县（市）；“粮食生产与环境较为协调”的县（市）有瑞昌市、余干县、星子县、丰城市、安义县、新干县等6 个县（市）；“粮食生产与环境较不协调”的县（市）有新建县、东乡县、南昌县、都昌县、鄱阳县等5 个县（市）；“粮食生产与环境高度不协调”的县（市）只有贵溪市。

2014 年，“粮食生产与环境高度协调”的县（市）有高安市、德安县、永修县、樟树市、万年县、彭泽县、九江县等7 个县（市）；“粮食生产与环境较为协调”的县（市）有进贤县、武宁县、浮梁县、瑞昌市、丰城市、余干县、乐平市、安义县、湖口县等9 个县（市）；“粮食生产与环境较不协调”的县（市）有东乡县、新干县、南昌县、鄱阳县、贵溪市、余江县、星子县等7 个县（市）；“粮食生产与环境高度不协调”的县（市）有新建县、都昌县等2 个县（市）。

总的来说，2001—2014 年鄱阳湖生态经济区“粮食生产与环境高度协调”的县（市）个数呈“减少—增加—减少”的变化态势，“粮食生产与环境较为协调”、“粮食生产与环境较不协调”的县（市）个数均呈“增加—减少—增加”的变化态势，“粮食生产与环境高度不协调”的县（市）个数呈“增加”态势。根据对单位粮食播种面积化肥（折纯量）统计数据测算，发现 21 世纪以来，鄱阳湖生态经济区 25 个县（市）单位粮食播种面积的化肥（折纯量）施用量逐年增加。由于化肥、地膜、农药等使用量逐年增加带来严重的氮、磷等水体污染，使得粮食生产与环境协调度下降，导致鄱阳湖生态经济区“粮食生产与环境高度协调”和“粮食生产与环境较为协调”的县（市）总体呈减少态势。近年来，国家及江西省政府加大了对鄱阳湖生态经济区环境保护的投入力度，在注重从源头治理与保护并重的前提下发展农业，走可持续发展道路，使得粮食生产与环境协调性逐步提高。

5.5 鄱阳湖生态经济区粮食生产环境技术效率驱动因素分析

上一节分别从时间维度和空间维度分析了鄱阳湖生态经济区粮食生产环境技术效率，了解鄱阳湖生态经济区粮食生产与环境协调性演变情况，本节进一步探讨驱动鄱阳湖生态经济区粮食生产环境技术效率变化的因素。

5.5.1 变量选取

影响粮食生产技术效率的因素很多，许多专家和学者（马琳静、王雅鹏、刘莹丰，2006；周曙东、周文魁、林光华、乔辉，2013；栾红、仇焕广，2013；肖芸、赵敏娟，2013）对此进行了较为广泛的研究，但鲜有研究探索环境约束下粮食生产技术效率问题。本研究对已有研究中影响粮食生产技术效率以及影响粮食生产的因素进行归纳汇总，发现主要包括农村用电量、单位面积粮食总产量、有效灌溉面积占比、农用化肥折纯量、农业机械总动力、劳均经营规模、种粮人口比重等因素。基于此，并考虑到数据的可获得性，选取以下7个变量数据（变量数据均来源于江西省各设区市的统计年鉴）作为影响鄱阳湖生态经济区粮食生产环境技术效率的驱动因素，具体说明如下。

农村用电量（X_1）：农村用电量一定程度上反映了农业生产的基础条件。农村用电量增加有助于完善农业生产基础设施，提高农业机械化水平，加快粮食生产规模化。同时粮食生产规模化在粮食生产要素合理分配的条件下可以降低原材料的损耗，减少单位面积污染物的排放，从而有利于粮食生产环境技术效率的提高。因此，在一定的范围内，农村用电量越高，粮食生产环境技术效率将越高。

单位面积粮食总产量（X_2）：用某地区粮食总产量除以粮食作物总播种面积表示。单位面积粮食总产量增加，意味着粮食生产效率提高。同时也说明一定数量的粮食总产量需要的播种面积减少，这使得化肥施用总量减少，进一步表明因化肥过度施用带来的环境污染减少。因此，单位面积粮食总产量越高，粮食生产环境技术效率将越高。

单位面积化肥施用量（X_3）：用某地区化肥施用总量除以该地区农作物播种面积表示。在合理范围内，比例越高，越有助于粮食作物生长，进而有利于粮食生产效率提高。如果超出合理范围，比例越高，对粮食生产效率起阻碍作用越大，同时带来大量非合意产出使得土壤板结以及流入河流导致水体污染。因此，单位面积化肥施用量对粮食生产环境技术效率的影响有待验证。

有效灌溉面积占比（X_4）：有效灌溉面积占比一定程度上反映了农业生产条件，有效灌溉面积占比越高，对水资源利用就越高，在合理稀释土壤的前提下，有利于粮食作物对土壤养分的吸收，这将促进植物的生长，减少环境污染，进而有助于提高粮食生产环境技术效率。因此，有效灌溉面积占比越高，粮食生产环境技术效率就越高。

农业机械总动力（X_5）：农用机械总动力反映一个地区的农业机械化水平，而农业机械化水平对粮食生产的作用还取决于一个地区的地形复杂程度。当农业机械化水平与该地区地形相适应，同时有助于疏松土壤结构，有利于农作物对养分的吸收，降低因化肥施用带来的环境负外部性影响，这将有助于粮食生产环境技术效率的提升。

劳均经营规模（X_6）：用某地区粮食播种面积除以种粮劳动力数量（种粮劳动力数量用农业从业人员数乘以粮食作物播种面积/农作物播种面积）表示。经营规模扩大的同时伴随着农业机械化、农业现代水平的提高，促进粮食生产要素较为合理的分配，减少成本的浪费和环境污染带来的负外部性，有利于提高粮食生产环境技术效率。但也有一些研究表明，经营规模扩大将降低劳动生产效率，经营规模与生产效率之间的关系并未达成共识。因此，劳均经营规模对粮食生产环境技术效率影响有待验证。

种粮人口比重（X_7）：种粮人口比重反映了一个地区粮食种植水平的整体状况。种粮人口比重越小，说明一个地方从事粮食生产的人口越少，农村劳动力流失越严重，可能对粮食生产环境技术效率产生不利影响，但也可能会由于缺乏劳动力，反而促使粮食种植的规模化、机械化水平提高，降低环境负外部水平，在一定程度上提高粮食生产环境技术效率。因此，种粮人口比重对粮食生产环境技术效率的影响有待验证。

表 5-5　变量定义及方向预测

指标名称	变量说明	预期作用方向
农村用电量	农村用电量（万 kW·h）	+
单位面积粮食总产量	粮食总产量与粮食播种面积之比（kg/hm^2）	+
单位面积化肥施用量	化肥施用总量与粮食播种面积之比（kg/hm^2）	?
有效灌溉面积占比	有效灌溉面积与农作物播种面积占比（%）	+
农业机械总动力	农业机械总动力（万 kW）	+
劳均经营规模	粮食播种面积与种粮劳动力数量之比（hm^2/人）	?
种粮人口比重	种粮劳动力人数与地区总人数占比（%）	?

注：+表示某变量与鄱阳湖生态经济区粮食生产环境技术效率成正向关系，？表示某变量与鄱阳湖生态经济区粮食生产环境技术效率关系有待考证。

5.5.2 数据来源

本研究数据为 2001—2014 年鄱阳湖生态经济区 25 个县（市）的面板数据，研究中使用的农村用电量、单位面积粮食总产量、有效灌溉面积占比、农用化肥折纯量、农业机械总动力、劳均经营规模和种粮人口比重等数据主要来源于《鄱阳湖生态经济区统计年鉴》《江西统计年鉴》《南昌统计年鉴》《九江统计年鉴》《景德镇统计年鉴》《上饶统计年鉴》《鹰潭统计年鉴》《抚州统计年鉴》《吉安统计年鉴》《新余统计年鉴》和《宜春统计年鉴》，部分数据基于年鉴数据以及相关统计公报数据计算获得。

5.5.3 面板模型构建

固定效应面板模型。面板数据模型主要包括固定效应模型（主要是控制时间的差异或者地区之间的差异）、随机效应模型（没有考虑二维变量固定起来）、混合模型。本研究所选取的面板数据，其时点数小于截面数，而且固定效应模型要比混合估计模型优，因此综合考虑，采用固定效应面板模型，根据鄱阳湖生态经济区粮食生产环境技术效率分析结果，建立如下面板数据模型。

$$Y_{i,t} = C_i + \beta_j X_{i,t}^j + \varepsilon_{i,t} \tag{5-10}$$

式中，$Y_{i,t}$ 代表鄱阳湖生态经济粮食生产环境技术效率；C_i 代表常数项；$X_{i,t}^j$ 代表各种驱动因子；β_j 代表回归系数；$\varepsilon_{i,t}$ 代表随机误差项；i 表示鄱阳湖生态经济区 25 个县（市）序号；t 表示年份；$j=1,2,\cdots,m$；$i=1,2,\cdots,n$ 表示各解释变量序号。

5.5.4 实证结果分析

本研究运用 Stata13.0 统计软件进行回归分析，从回归结果来看（表 5-6），模型整体拟合优度较好。其中农村用电量、单位面积粮食总产量、有效灌溉面积占比、单位面积化肥施用量、农业机械总动力、劳均经营规模、种粮人口比重等 7 个变量均显著影响鄱阳湖生态经济区粮食生产环境技术效率，具体分析如下。

表 5-6 鄱阳湖生态经济区粮食生产环境技术效率驱动因素回归结果

解释变量	系数	Std.Error	*t*-Statistic	*P*>|*t*|	[95%Conf. Interval]	
农村用电量	0.002 1**	0.001 0	2.140 0	0.033 0	0.000 2	0.004 1
单位面积粮食总产量	0.032 9***	0.011 1	2.970 0	0.003 0	0.011 1	0.054 7
有效灌溉面积占比	0.261 7***	0.063 7	4.110 0	0.000 0	0.136 4	0.386 9
单位面积化肥施用量	−0.015 8*	0.009 0	−1.740 0	0.083 0	−0.033 6	0.002 1
农业机械总动力	0.002 5***	0.000 5	4.730 0	0.000 0	0.001 4	0.003 5
劳均经营规模	0.094 5***	0.045 5	4.440 0	0.000 0	0.052 6	0.136 3
种粮人口比重	−0.204 1***	0.045 5	−4.490 0	0.000 0	−0.293 5	−0.114 6
常数项	0.812 7***	0.066 6	12.210 0	0.000 0	0.681 8	0.943 7
R-sq：within			0.357 4			
F-statistic			25.330 0			
Prob（*F*-statistic）			0.000 0			

注：*、**、***分别表示在 10%、5%、1%水平下显著。

农村用电量的系数为 0.002 1，说明农村用电量对鄱阳湖生态经济区粮食生产环境技术效率起到正向作用。在其他条件不变的情况下，农村用电量提高 1 个百分点，鄱阳湖生态经济区粮食生产环境技术效率将提高 0.002 1 个百分点，且农村用电量在 5%的水平上显著影响鄱阳湖生态经济区粮食生产环境技术效率。

单位面积粮食总产量的系数为 0.032 9，说明单位面积粮食总产量对鄱阳湖生态经济区粮食生产环境技术效率起到正向作用。在其他条件不变的情况下，单位面积粮食总产量提高 1 个百分点，鄱阳湖生态经济区粮食生产环境技术效率将提高 0.032 9 个百分点，且单位面积粮食总产量在 1%的水平上显著影响鄱阳湖生态经济区粮食生产环境技术效率。

有效灌溉面积占比的系数为 0.261 7，说明有效灌溉面积占比对鄱阳湖生态经济区粮食生产环境技术效率起到正向作用。表明在当前情况下，有效灌溉面积占比越高，粮食生产的规模化、科技化、机械化水平也越高，促进了鄱阳湖生态经济区粮食生产环境技术效率的提高。在其他条件不变的情况下，有效灌溉面积占比提高 1 个百分点，鄱阳湖生态经济区粮食生产环境技术效率将提高 0.261 7 个百分点，且有效灌溉面积占比在 1%的水平上显著影响鄱阳湖生态经济区粮食生产环境技术效率。

单位面积化肥施用量的系数为−0.015 8，说明单位面积化肥施用量对鄱阳湖生态经济区粮食生产环境技术效率起到负向作用。在其他条件不变的情况下，单位面积化肥施用量提高 1 个百分点，鄱阳湖生态经济区粮食生产环境技术效率将降低 0.015 8 个百分点，且单位面积化肥施用量在 10%的水平上显著影响鄱阳湖生态经济区粮食生产环境技术效率，说明当前鄱阳湖生态经济区粮食生产的化肥施用已经过量。

农业机械总动力的系数为 0.002 5，说明农业机械总动力对鄱阳湖生态经济区粮食生产环境技术效率起到正向作用。在其他条件不变的情况下，农业机械总动力提高 1 个百分点，鄱阳湖生态经济区粮食生产环境技术效率将提高 0.002 5 个百分点，且农业机械总动力在 1%的水平上显著影响鄱阳湖生态经济区粮食生产环境技术效率。

劳均经营规模的系数为 0.094 5，说明劳均经营规模对鄱阳湖生态经济区粮食生产环境技术效率起到正向作用。表明在当前情况下，劳均经营规模扩大将提高劳动生产效率，进而提高粮食生产环境技术效率。在其他条件不变的情况下，劳均经营规模提高 1 个百分点，鄱阳湖生态经济区粮食生产环境技术效率将提高 0.094 5 个百分点，且劳均经营规模在 1%的水平上显著影响鄱阳湖生态经济区粮食生产环境技术效率。

种粮人口比重的系数为−0.204 1，说明种粮人口比重对鄱阳湖生态经济区粮食生产环境技术效率起到负向作用。说明在当前情况下，种粮人口比重越高，农村劳动力浪费现象越严重，对粮食产生了不利影响。在其他条件不变的情况下，种粮人口比重提高 1 个百分点，鄱阳湖生态经济区粮食生产环境技术效率将降低 0.204 1 个百分点，且种粮人口比重在 1%的水平上显著影响鄱阳湖生态经济区粮食生产环境技术效率。

从回归结果看，种粮人口比重、单位面积化肥施用量负向影响鄱阳湖生态经济区粮食生产环境技术效率，而有效灌溉面积占比、单位面积粮食总产量、农业机械总动力、劳均经济规模、种粮人口比重对鄱阳湖生态经济区粮食生产环境技术效率起到正向作用。

5.6 本章小结

本研究采用 DDF 方法，分析了 2001—2014 年鄱阳湖生态经济区 25 个县（市）粮食环境技术效率、粮食传统技术效率、粮食生产与环境协调性情况以及粮食生产环境技术效率的影响因素，得出如下结论：

（1）在考虑环境污染因素的情况下，从时序演变来看，同一年份不同县（市）之间以及同一县（市）不同年份间粮食生产环境技术效率均存在较大差异。总体而言，25 个县（市）2001—2014 年粮食生产环境技术效率总体变化呈先持续下降后持续上升再持续下降态势，其中粮食生产环境技术效率 2001 年最高为 0.879 1，2008 年最低为 0.733 9。从空间分异来看，2001—2014 年，鄱阳湖生态经济区 25 个县（市）粮食生产环境技术效率年均值为 0.790 6。其中九江县粮食生产环境技术效率最高，年均值为 0.969 3；其次是彭泽县，年均值为 0.948 3；新建县粮食生产环境技术效率最低，年均值为 0.616 9；其次是都昌县，年均值为 0.647 3。

（2）在不考虑环境污染因素的情况下，从时序演变来看，同一年份不同县（市）之间以及同一县（市）不同年份间粮食生产传统技术效率均存在较大差异。总体而言，25 个县（市）2001—2014 年粮食生产传统技术效率呈先波动下降后波动上升再持续下降态势。其中粮食生产传统技术效率 2011 年最高为 0.901 4，2006 年最低为 0.815 1。从空间分异来看，2001—2014 年，鄱阳湖生态经济区 25 个县（市）粮食生产传统技术效率年均值为 0.856 3，其中樟树市粮食生产传统技术效率最高，年均值为 0.954 4，其次是万年县，年均值为 0.949 8；湖口县粮食生产传统技术效率最低，年均值为 0.758 6，其次是东乡县，年均值为 0.759 4。

（3）2001—2003 年，鄱阳湖生态经济区 25 个县（市）粮食生产环境技术效率和粮食生产传统技术效率的差距很小。但 2003 年以后，鄱阳湖生态经济区 25 个县（市）粮食生产两种技术效率的差距整体呈扩大态势。由于 2009 年鄱阳湖生态经济区建设上升为国家战略层面，国家和省、市、县均加大了对鄱阳湖生态经济区生态环境的保护力度，特别是加大了农业生产过程中污染物排放的治理力度，两种技术效率差距开始缩小，但 2011 年之后两种技术效率差距又有扩大的趋势。总的来说两种粮食生产技术效率差距仍然很大。

（4）从 2001—2014 年总体来看，考虑环境污染因素后，除进贤县、德安县、星子县排名没有发生变化外，其他各县（市）环境技术效率排名与传统技术效率排名均存在一定差异，有的县（市）甚至存在较大差距。

（5）总的来说，2001—2014 年鄱阳湖生态经济区“粮食生产与环境高度协调”的县（市）个数呈“减少—增加—减少”的变化态势，“粮食生产与环境较为协调”、“粮食生产与环境较不协调”的县（市）个数均呈“增加—减少—增加”的变化态势，“粮食生产与环境高度不协调”的县（市）个数呈“增加”态势。

（6）回归结果分析表明，种粮人口比重、单位面积化肥施用量负向影响鄱阳湖生态经济区粮食生产环境技术效率，而有效灌溉面积占比、单位面积粮食总产量、农业机械总动力、劳均经济规模、种粮人口比重对鄱阳湖生态经济区粮食生产环境技术效率起到正向作用。其中，单位面积粮食总产量、有效灌溉面积占比、农业机械总动力、劳均经营规模和种粮人口比重均在 1%的水平上显著影响鄱阳湖生态经济区粮食生产环境技术效率；农村用电量在 5%的水平上显著影响鄱阳湖生态经济区粮食生产环境技术效率；单位面积化肥施用量在 10%的水平上显著影响鄱阳湖生态经济区粮食生产环境技术效率。

第6章 鄱阳湖生态经济区粮食生产驱动效应分析

6.1 引言

粮食安全是国家安全战略的组成部分，也是社会稳定和国民经济发展的重要保障。保障粮食安全的前提是保障粮食供求平衡。2004 年以来，我国粮食生产已经实现“十二连增”，各方面的粮食需求都得到了持续可靠的保障，粮食供求形势总体是好的。但从长远来看，随着我国人口的持续增长和消费结构的升级换代，粮食消费也将刚性增长。与此同时，耕地、淡水资源、农业有效劳力、生态环境承载能力等要素对粮食生产的刚性约束越来越突出，粮食进一步稳产增产的难度越来越大，粮食供求平衡将是长期态势。此外，国际政治、地缘冲突、粮食的金融属性和能源属性等因素对粮食安全的影响也日益加深，保持粮食供求平衡，保证国内市场供应不容乐观。对此，吴健生等（2013）在对广东省粮食供需时空研究得出粮食生产的时空格局差异是造成区域粮食供需失衡的重要原因，已引起学界和政府管理部门的广泛关注。国内研究者多采用基尼系数、重心模型、空间关联分析模型等揭示粮食总产量或增加量的分异格局，采用区位商、比较优势模型等探讨农业种植结构的时空特征，为明确我国中长期粮食的增产方向和制定区域粮食增产方案决策提供依据。研究结果表明，我国粮食生产的区域集中化程度在波动中提高；东部地区的粮食生产优势逐步减弱，粮食生产日趋向东北和中部地区集中，“北进中移”的态势明显，小麦、玉米和稻谷生产呈现不同的变化特征。耕地资源禀赋、光热条件和水土资源利用方式决定了粮食生产大的区域格局，而比较效益、农业结构调整等因素促使区域粮食生产格局发生变化。

鄱阳湖生态经济区是江西省传统的产粮区，其粮食生产在江西省粮食生产中占重要地位，近年来国家强化对粮食主产县的政策倾斜，因此，明确鄱阳湖生态经济区粮食总产量增加的主要驱动因子及其贡献程度，对其周边地区乃至其他省市及时合理地调整农业政策、保持和提升粮食生产能力有重要的意义。如潘佩佩等（2013）从宏观视角对太湖流域粮食生产时空格局演变与粮食安全评价，结果表明该区粮食总产量不稳定，但总体呈下降趋势，历经波动发展—急剧减少—稳步增长三个阶段，未来该区仍受到耕地数量减少和质量退化威胁，完善耕地保护政策并提出保障粮食安全的区域差别化措施具有重要的现实意义。一些学者采用贡献因素分解方法研究粮食增产的作物贡献和地区贡献。刘忠等（2013）采用贡献因素分解的研究方法，研究了 2003 年以来我国粮食增产的作物和地区贡献，以及面积、单产和种植结构调整对于粮食增产的贡献率，并对各增产主力省区和主要粮食作物的增产贡献因素进行了分析，划定了增产主导类型。但分解过程中的残差和“0”值问题对结果存在较大影响。Ang 提出的对数平均迪氏分解方法（logarithmic mean divisia index，LMDI）能消除分解过程中的残差和“0”值问题，提高了结果分析的准确程度。金涛等（2011）基于粮食总产量计量模型，运用 LMDI 方法分析江苏省粮食生产时空变化的影响因素；刘玉等（2013）基于 LMDI 模型研究了黄淮海地区粮食总产量增加的因素贡献。

综上所述，这些研究只是总量分析，没有揭示不同时期各类作物单产或者播种面积对粮食总产量变化的贡献程度。鉴于此，本章首先采用扩展的 Kaya 恒等式建立因素分解模型，在此基础上，建立对数平均迪氏分解指数模型对粮食生产因素进行分解，对 1995—2013 年鄱阳湖生态经济区 25 个县（市）年粮食生产空间格局变化的驱动效应进行测度，再次，从时间维度上，分析鄱阳湖生态经济区粮食生产空间格局变化驱动效应变化，从空间维度上，分析粮食生产的各驱动效应的空间分异情况，进而摸清鄱阳湖生态经济区粮食总产量变化的主要驱动因素及其差异。

6.2 研究方法、数据来源

6.2.1 研究方法

根据我国粮食统计数据的特点，粮食总产量分解为作物单产和播种面积的乘积。具体形式如下：

$$G=\sum_{i=1}^{25}g_i=\sum_{i=1}^{25}c_ip_i \qquad (6\text{-}1)$$

式中，G 表示鄱阳湖生态经济区粮食总产量；g 表示地区粮食总产量；c 表示粮食播种面积；p 表示粮食单产；i 表示各县（市）。

（1）扩展的 Kaya 恒等式

Kaya 恒等式由日本教授 Yoichi Kaya 首次提出，常被用于分析经济、政策和人口等因素与 CO_2 排放量之间的联系，其基本形式是

$$\mathrm{CO_2} = \frac{\mathrm{CO_2}}{\mathrm{PE}} \times \frac{\mathrm{PE}}{\mathrm{GDP}} \times \frac{\mathrm{GDP}}{P} \times P \tag{6-2}$$

式中，CO_2、PE、GDP 和 P 分别代表 CO_2 排放量、一次能源消费总量、国内生产总值以及人口总量。

Kaya 恒等式已经在能源与环境经济领域得到广泛的应用，本研究根据 Kaya 恒等式的理念，尝试将其运用到鄱阳湖生态经济区粮食生产变化驱动效应的研究中，将式（6-1）按照 Kaya 恒等式的扩展，其形式如下：

$$G = \sum_i g_i = \sum_i L_i \times \frac{C_i}{L_i} \times \frac{c_i}{C_i} \times \frac{g_i}{c_i} \tag{6-3}$$

式中，L 表示耕地面积；C 表示农作物播种面积；i 表示各县（市）。

（2）LMDI 分解法

LMDI 分解法是由 Ang B.W 等提出，主要用于分析能源强度变化，是目前国际上常用的因素分解模型。LMDI 分解方法不仅可以进行多个因素的分解，而且有效地解决了分解后的结果残差值和“0”值问题。因此，本研究结合已有相关研究，利用 LMDI 分解法测度鄱阳湖生态经济区粮食生产变化的驱动效应。并对各个分解因素进行了定义，定义 L_i 为耕地面积，代表驱动粮食生产变化的规模效应；定义 $J_i = C_i / L_i$，表示农作物播种面积与耕地面积之比，即复种指数，代表驱动粮食生产变化的广度效应；定义 $K_i = c_i / C_i$，表示粮食作物播种面积占农作物播种面积的比重，代表驱动粮食生产变化的结构效应；$Q_i = g_i / c_i$，表示粮食总产量与播种面积之比，即粮食单产，代表驱动粮食生产变化的强度效应。则式（6-3）可以进一步表述为：

$$G = \sum_i g_i = \sum_i L_i \times \frac{C_i}{L_i} \times \frac{c_i}{C_i} \times \frac{g_i}{c_i} = \sum_i L_i J_i K_i Q_i \tag{6-4}$$

式中，L、J、K、Q 分别代表驱动粮食生产变化的规模效应、广度效应、结构效应和强度效应。

根据 LMDI 分解方法，基期年和第 t 年粮食总产量分别表示为 G^0 和 G^t，则从基期年到 t 年的粮食总量变化值称为总效应 ΔG，其由四部分组成：规模效应（L_{eff}）、广度效应

（J_{eff}）、结构效应（K_{eff}）和强度效应（Q_{eff}），即分别表示规模效应、广度效应、结构效应和强度效应变化所带来的粮食变化量（万 t）。具体形式如下：

$$\Delta G = G^t - G^0 = L_{\text{eff}} + J_{\text{eff}} + K_{\text{eff}} + Q_{\text{eff}} \tag{6-5}$$

式中，

$$L_{\text{eff}} = \sum_i w_i^t \ln \frac{L^t}{L^0} \tag{6-6}$$

$$J_{\text{eff}} = \sum_i w_i^t \ln \frac{J_t}{J_0} \tag{6-7}$$

$$K_{\text{eff}} = \sum_i w_i^t \ln \frac{K_t}{K_0} \tag{6-8}$$

$$Q_{\text{eff}} = \sum_i w_i^t \ln \frac{Q_t}{Q_0} \tag{6-9}$$

式中，$w_i^t = \begin{cases} \dfrac{G_i^t - G_i^0}{\ln G_i^t - \ln G_i^0}, G_i^t \neq G_i^0 \\ G_i^t 或 G_i^0, G_i^t = G_i^0 \end{cases}$

若驱动效应 L_{eff}、J_{eff}、K_{eff} 和 Q_{eff} 的系数为正值，说明该效应对粮食生产起到促进作用，反之，则对粮食生产起到抑制作用。w_i^t 称为对数平均权数。

（3）耕地面积修正

受统计口径的影响，2008 年以后部分地区耕地面积发生巨大变化，主要是因为采用了新的统计口径，不能反映耕地面积的真实变化，因此有必要对 2008 年以后的部分地区耕地面积序列数据进行修正。参考汪勇等采用的方法，耕地面积的修正模型如下：

$$L_{i,j+1} = L_i + \Delta L_{i,j} \tag{6-10}$$

式中，$L_{i,j+1}$ 和 $L_{i,j}$ 分别表示 i 地区在第 j 年末和年初的耕地面积；$\Delta L_{i,j}$ 表示 i 地区在 j 年内耕地净变化量。

以 2008 年年初的耕地面积为基础，参考相关地区统计年鉴中耕地面积的增减变化，并采用式（6-10）对相关县（市）耕地面积进行了修订。

6.2.2 数据来源

考虑到共青城市、渝水区、临川区、东湖区、西湖区、青云谱区、青山湖区、湾里区、昌江区、珠山区、庐山区、浔阳区和月湖区等 13 个地区城市化水平较高，本研究以鄱阳湖生态经济区除以上 13 个地区之外的 25 个县（市）为研究对象，时间序列为 1995—2014 年，涉及的主要指标包括鄱阳湖生态经济区 25 个县（市）粮食总产量、粮食播种面积、耕地面积，农作物播种面积、粮食单产，研究数据主要来源于涉及的各设区市相关年份统计年鉴以及《江西统计年鉴》（1996—2015），部分数据基于统计年鉴数据计算获得。

6.3 鄱阳湖生态经济区粮食生产驱动效应的时序变化

本节结合鄱阳湖生态经济区粮食生产空间格局演变历程，基于扩展的 Kaya 恒等式建立因素分解模型，采用对数平均迪氏分解方法，对影响鄱阳湖生态经济区粮食生产空间格局变化的驱动效应进行测度，在此基础上从时间维度上鄱阳湖生态经济区粮食生产空间格局变化驱动效应的阶段性变化以及变化趋势，从空间维度上识别了各驱动效应的空间分异情况，进而探究鄱阳湖生态经济区粮食生产驱动效应的时空演变。

6.3.1 粮食生产驱动效应的阶段性变化

由表 6-1 可知，第一阶段（1995—1997 年），鄱阳湖生态经济区粮食总产量快速增长，粮食生产的总效应为 97.76 万 t，其中规模效用、结构效应、强度效应对粮食生产起到促进作用，而广度效应对粮食生产起到阻碍作用。强度效应对粮食增产的贡献最大，达到 83.05 万 t，占粮食增产总效应的 84.95%；其次是粮食生产的规模效应，为 12.19 万 t，占粮食增产总效应的 12.47%；粮食生产的结构效应为 6.79 万 t，占粮食增产总效应的 6.95%；而粮食生产的广度效应则阻碍了粮食增长，为−4.27 万 t，占粮食增产总效应的−4.37%。

第二阶段（1998—2003 年），与前一阶段相比较，鄱阳湖生态经济区粮食总产量大幅度减少，粮食生产的总效应为−134.11 万 t，其中粮食生产的规模效应、广度效应、强度效应对粮食增量均起到阻碍作用，只有结构效应对粮食生产起到了促进作用。受“压粮扩经”农业结构调整战略的影响，粮食生产的广度效应对粮食减量的贡献最大，达到−69.82 万 t，占粮食减产总效应的−52.06%；这一阶段，江西省分四期实施“平垸行洪，退田还湖，移民建镇”方案，致使湖区耕地面积不断减少，规模效应的抑制作用达到−54.63 万 t，占粮食减产总效应的−40.74%；强度效应对粮食减量的贡献为−16.41 万 t，占粮食减产总效应的−40.74%；结构效应对粮食生产起到促进作用，为 6.75 万 t，占粮食生产总效应的 5.03%。

第三阶段（2004—2014 年），与前一阶段相比较，鄱阳湖生态经济区粮食总产量呈快速增长态势，粮食生产的总效应为 459.08 万 t，其中粮食生产的规模效应、结构效应、强度效应、广度效应均对粮食增产起到促进作用。强度效应对粮食增产的贡献最大，达到 212.62 万 t，占粮食增产总效应的 46.31%；规模效应的贡献达到 92.56 万 t，占粮食增产总效应的 20.16%；广度效应的贡献为 85.65 万 t，占粮食增产总效应的 18.66%；结构效应的贡献为 68.25 万 t，占粮食增产总效应的 14.87%。

从 1995—2014 年粮食增量的累积贡献来看，粮食生产的总效应为 422.73 万 t，粮食生产的规模效应、结构效应、强度效应、广度效应对粮食生产均起到促进作用。粮食生产的强度效应对粮食增产的贡献最大，达到 279.26 万 t，占粮食增产总效应的 66.06%；结构效应的贡献为 81.79 万 t，占粮食增产总效应的 19.35%；规模效应的贡献为 50.12 万 t，占粮食增产总效应的 11.86%；广度效应的贡献为 11.56 万 t，占粮食增产总效应的 2.74%。

表 6-1　不同阶段粮食生产驱动效应分解表　　单位：万 t

时段	规模效应 L_{eff}	广度效应 J_{eff}	结构效应 K_{eff}	强度效应 Q_{eff}	总效应 ΔG
1995—1997 年	12.19	−4.27	6.79	83.05	97.76
1998—2003 年	−54.63	−69.82	6.75	−16.41	−134.11
2004—2014 年	92.56	85.65	68.25	212.62	459.08
1995—2014 年	50.12	11.56	81.79	279.26	422.73

注：经资料计算整理得到。

6.3.2　粮食生产驱动效应的变化趋势

在自然环境和社会经济等因素的综合影响下，鄱阳湖生态经济区各驱动效应对粮食生产的作用方向和作用强度呈现显著的波动性（图 6-1）。

从粮食生产强度效应的演变趋势来看，大致经历了先上升再下降再波动上升的过程，且对粮食总产量的贡献份额除 1998 年外，其余年份均在持续增大且增大的幅度也在逐步上升，成为鄱阳湖生态经济区粮食总产量持续上升的主要推动力。1998 年以前粮食生产的强度效应增长快速，到 1997 年累计对粮食增长贡献了 83.05 万 t，由于鄱阳湖生态经济区各县（市）受 1998 年长江特大洪水的严重影响，使得粮食生产的强度效应对粮食生产起到抑制作用，进而使得当年鄱阳湖生态经济区粮食总产量较 1997 年减产了 45.22 万 t，随后粮食生产的强度效应呈波动上升趋势，尤其是从 2004 年开始，增长的速度明显加快，到 2014 年，强度效应对粮食总产量的贡献达到 279.25 万 t，占研究期内粮食增加量的 66.06%。这表明技术进步、农业基础投入增加和农田管理水平提升促使鄱阳湖生态经济区粮食单产水平提高是粮食总产量不断增加的最主要驱动力。

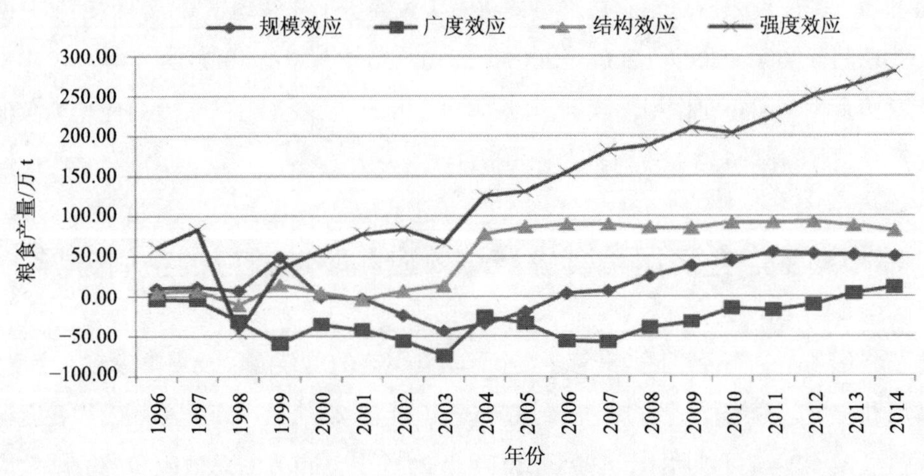

图 6-1　各驱动效应对鄱阳湖生态经济区粮食总产量累计贡献值的演变趋势

粮食生产的结构效应仅次于强度效应，是驱动粮食增产另一重要因子。除了 1998、2001 年外，其余年份粮食生产结构效应值均为正值，总体呈现“低水平徘徊—快速上升—高水平缓慢上升”阶段性特征。2004 年以前，由于受种粮比较收益低下和“压粮扩经”的农业结构调整战略影响，粮食生产结构效应处于较低水平。随着 2004 年中央政府一系列强农、支农和惠农政策的实施以及农业补贴方式的转变，2004 年粮食生产的结构效应发生跳跃式转变，对粮食总产量的贡献达到 77.79 万 t，净增加 64.25 万 t。随后每年对粮食总产量的贡献基本维持在 90 万 t 左右。可见，稳定结构效应是保证鄱阳湖生态经济区粮食总产量稳定上升的重要基础。

粮食生产的规模效应大致经历了先波动上升，再持续下降，再逐步上升三个阶段。在此期间，有 8 个年份规模效应对粮食生产起抑制作用，累计效应为−101.5 万 t，其余 11 个年份规模效应对粮食生产均起到促进作用，累计效应 151.62 万 t，合计总效应为 50.12 万 t。尤其进入 21 世纪前几年，因受 1998 年长江特大洪水的影响，国务院提出“封山植林、退耕还林；平垸行洪，退田还湖；以工代赈，移民建镇；加固干堤，疏浚河湖”的“32”字方针，1998—2002 年，江西省结合实际情况，实施“平垸行洪，退田还湖，移民建镇”方案，致使湖区耕地面积不断减少。此外，由于工业化和城镇化进程不断深入，导致耕地大量被占用，严重威胁粮食安全。为此，江西省各级政府先后出台了《土地利用总体规划（2006—2020 年）》，该《规划》对近远期耕地保有量目标提出了严格要求，耕地面积下降趋势得到控制并且逐年增加，近年来粮食生产的规模效应对粮食生产的促进作用逐步加强。

粮食生产的广度效应对粮食总产量的贡献大致经历了先波动下降，再波动上升两个阶段。在此期间，2000、2004、2008、2009、2010、2012、2013 和 2014 年等 8 个年份的广度效应对粮食生产起正向作用，累计贡献 143.67 万 t，其余年份的广度效应均为负值，对粮食总产量累计贡献-132.11 万 t，合计贡献 11.56 万 t。

6.4 鄱阳湖生态经济区粮食生产总效应和驱动效应的空间分异

本节将鄱阳湖生态经济区 25 个县（市）粮食生产的总效应以及规模效应、广度效应、结构效应和强度效应进行了累加，得到 1995—2014 年 25 个县（市）总效应和各驱动效应的累积值（图 6-2），可以看出，1995—2014 年 25 个县（市）的总效应和各驱动效应空间差异显著。

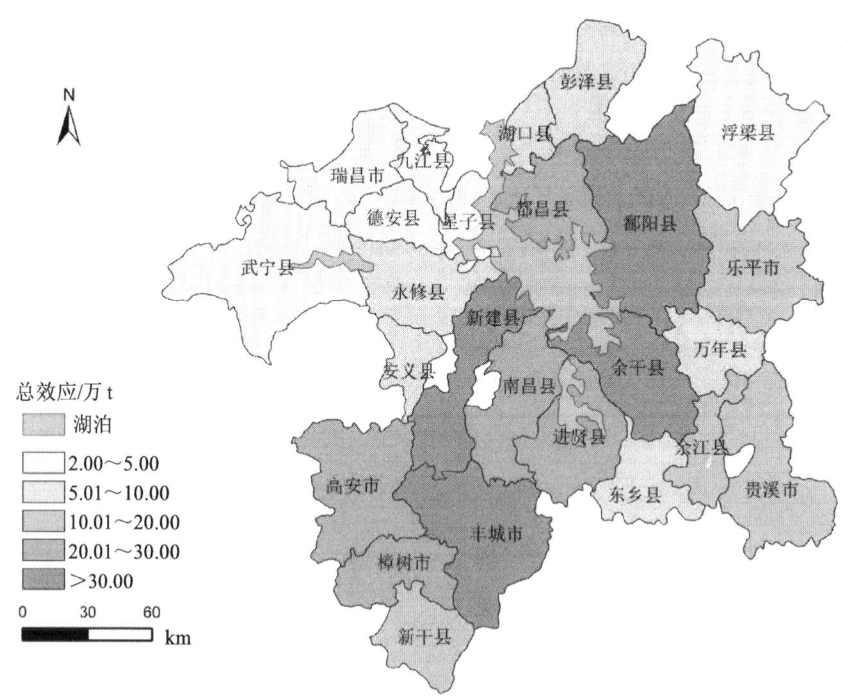

图 6-2　1995—2014 年鄱阳湖生态经济区 25 个县（市）粮食生产总效应的空间分布

6.4.1 粮食生产总效应的空间分异

从总效应来看（图 6-2），25 个县（市）粮食生产总效应均为正值，说明 1995—2014 年 25 个县（市）粮食总产量总体上是上升的，但空间上的差异也较为明显。根据鄱阳湖生态经济区粮食生产总效应的大小，科学合理地将鄱阳湖生态经济区 25 个县（市）划分为五类，其定义标准为总效应处于 2.00 万～5.00 万 t 之间的县（市）、总效应处于 5.01 万～10.00 万 t 之间的县（市）、总效应处于 10.01 万～20.00 万 t 之间的县（市）、总效应处于 20.01 万～30.00 万 t 之间的县（市）和总效应＞30.00 万 t 的县（市）。总效应处于 2.00 万～5.00 万 t 之间的县（市）有瑞昌市、九江县、德安县、星子县、武宁县、浮梁县等 6 个县（市）。总效应处于 5.01 万～10.00 万 t 之间的县（市）有万年县、彭泽县、永修县、东乡县、安义县、湖口县等 6 个县（市）。总效应处于 10.01 万～20.00 万 t 之间的县（市）有乐平市、余江县、贵溪市、新干县等 4 个县（市）。总效应处于 20.01 万～30.00 万 t 之间的县（市）有南昌县、都昌县、高安市、樟树市、进贤县等 5 个县（市）。总效应大于 30.00 万 t 的县（市）的县（市）有鄱阳县、余干县、新建县和丰城市等 3 个县（市）。

鄱阳县、余干县、新建县和丰城市粮食生产的总效应较大，均超过了 30 万 t，粮食增加较为显著，粮食总产量分别增加了 67.14 万 t、48.45 万 t、33.95 万 t 和 30.61 万 t，合计增加了 180.15 万 t，占整个粮食增加量的 42.62%；都昌县、高安市、进贤县、樟树市和南昌县粮食生产的总效应在 20.01 万～30.00 万 t 之间，其中都昌县粮食总产量上升了 29.56 万 t，其次是高安市和进贤县，分别上升了 25.31 万 t 和 24.32 万 t，这 5 个县（市）粮食增加量合计为 124.40 万 t，占整个粮食增加量的 29.43%；新干县、乐平市、余江县和贵溪市粮食生产的总效应在 10.01 万～20.00 万 t 之间，其中新干县粮食总产量上升了 15.89 万 t，其次是乐平市、余江县，分别上升了 13.65 万 t 和 11.92 万 t，这 4 个县（市）粮食增加量合计为 52.67 万 t，占整个粮食增加量的 12.46%；万年县、彭泽县、永修县、东乡县、安义县、湖口县粮食生产的总效应在 5.01 万～10.00 万 t 之间，其中万年县粮食总产量上升了 9.81 万 t，其次是永修县、东乡县，分别上升了 9.39 万 t 和 9.19 万 t，这 6 个县（市）粮食增加量合计为 47.83 万 t，占整个粮食增加量的 11.31%；瑞昌市、九江县、德安县、星子县、武宁县、浮梁县粮食生产的总效应在 2.00 万～5.00 万 t 之间，其中星子县粮食总产量上升了 3.31 万 t，其次瑞昌市、武宁县，分别上升了 3.22 万 t 和 3.17 万 t，这 6 个县（市）粮食增加量合计为 17.68 万 t，占整个粮食增加量的 4.18%。

从空间分布来看，粮食生产总效应对粮食生产贡献较高的县（市）处于鄱阳湖生态经济区中部地区和南部地区，而粮食生产总效应对粮食生产贡献相对较低的县（市）处于鄱阳湖生态经济区的边缘地区，且大体分布在鄱阳湖生态经济区的西北地区，按照粮食生产的总效应对粮食生产的贡献大小，发现以鄱阳湖生态经济区都昌县、余干县、新建县等 3 县（市）为中心向四周扩散，粮食生产的总效应呈逐步减小的态势。

6.4.2 粮食生产驱动效应的空间分异

从 1995—2014 年鄱阳湖生态经济区 25 个县（市）粮食生产的规模效应来看（表 6-2），鄱阳县规模效应对粮食生产总效应的增加贡献最大，达到 21.70 万 t，其次是樟树市，为 9.80 万 t，都昌县和余干县也较高，分别为 6.06 万 t 和 5.92 万 t；在经济条件较好的地区，耕地非农化速度明显较快，对粮食生产总效应的增加起到抑制作用，如丰城市的抑制作用达到−3.55 万 t。此外，在一些山地丘陵、湖滨地区，如南昌县、安义县、乐平市、浮梁县、九江县、武宁县、湖口县、瑞昌市、新干县、丰城市和万年县等 11 个县（市），因退耕还林、退耕还湖等生态政策的实施，使得耕地下降显著，规模效应对粮食生产总效应的增加均有不同程度的抑制作用。剩余 10 个县（市）规模效应对粮食生产总效应的增加均起到不同程度的促进作用。

表 6-2　1995—2014 年 25 个县（市）粮食生产各驱动效应的累积值　　单位：万 t

地区	规模效应	广度效应	结构效应	强度效应	总效应
南昌县	−0.49	−6.75	9.19	19.47	21.41
新建县	1.01	−0.23	7.72	25.45	33.95
安义县	−1.45	5.41	−2.75	5.22	6.43
进贤县	0.67	−1.00	1.85	22.81	24.32
乐平市	−1.68	1.94	0.90	12.49	13.65
浮梁县	−1.42	0.48	−0.68	4.00	2.38
九江县	−0.39	1.08	−1.77	3.95	2.87
武宁县	−1.26	−0.65	0.46	4.62	3.17
永修县	4.62	−5.02	0.88	8.91	9.39
德安县	0.40	0.18	−0.84	2.98	2.73
星子县	0.87	−0.84	0.10	3.18	3.31
都昌县	6.06	5.13	3.01	15.35	29.56
湖口县	−0.07	2.01	0.94	3.26	6.14
彭泽县	4.96	−1.51	−0.02	3.45	6.87
瑞昌市	−0.50	1.19	−0.94	3.47	3.22
余江县	3.25	−2.78	3.50	7.95	11.92
贵溪市	0.02	−7.20	6.03	12.36	11.21

地区	规模效应	广度效应	结构效应	强度效应	总效应
新干县	−0.80	7.34	−0.83	10.19	15.89
东乡县	0.67	−4.50	7.04	5.97	9.19
丰城市	−3.55	−3.25	15.46	21.96	30.61
樟树市	9.80	−0.70	1.29	13.41	23.79
高安市	2.03	5.46	4.34	13.48	25.31
余干县	5.92	10.79	14.39	17.34	48.45
鄱阳县	21.70	4.76	6.89	33.79	67.14
万年县	−0.22	0.22	5.62	4.19	9.81
合计	50.12	11.56	81.79	279.25	422.73

注：经资料计算整理得到。

从 1995—2014 年 25 个县（市）广度效应来看，余干县广度效应对粮食生产总效应的增加贡献最大，达到 10.79 万 t，其次是新干县和高安市，分别为 7.34 万 t 和 5.46 万 t，安义县和都昌县广度效应也较高，分别为 5.41 万 t 和 5.13 万 t。而在一些土地集约利用程度相对较低，耕地受到污染的地区，如南昌县、贵溪市和永修县，广度效应对粮食生产总效应的增加起到抑制作用比较突出，贵溪市达到−7.20 万 t，南昌县达到−6.75 万 t，永修县达到−5.02 万 t。此外，东乡县广度效应的抑制作用也较高，达到-4.50 万 t。剩余的 16 个县（市）中，有 8 个县（市）广度效应对粮食生产总效应的抑制作用介于−4.00 万～0 万 t，8 个县（市）广度效应对粮食生产总效应的增加介于 0 万～5.00 万 t。

从 1995—2014 年 25 个县（市）结构效应来看，丰城市结构效应对粮食生产总效应的增加贡献最大，达到 15.46 万 t，其次是余干县，为 14.39 万 t，南昌县、新建县和东乡县结构效应也较高，分别为 9.19 万 t、7.72 万 t 和 7.04 万 t，除了东乡县外，其他地区基本上每年都是国家粮食生产先进县（市），所以国家和地方政府对于粮食补贴和奖励力度比其他地方高，从而促进了粮食生产；鄱阳县、贵溪市、万年县、高安市、余江县、都昌县、进贤县、樟树市、湖口县、乐平市、永修县、武宁县和星子县等 13 个县（市）结构效应对粮食生产总效应的增加贡献介于 0 万～7.00 万 t；因蔬菜水果等经济作物的比较收益高于种粮收益，在一些区位较好的县（市），如安义县、九江县和瑞昌市，“耕地非粮化”使得粮食种植面积不断萎缩，结构效应对粮食生产总效应的增加起到抑制作用，其中安义县最大，达到−2.75 万 t，其次是九江县和瑞昌市，分别为−1.77 万 t 和−0.94 万 t，浮梁县、德安县、彭泽县和新干县的结构效应对粮食生产总效应的增加抑制作用介于−1.00 万～0 万 t。

从 1995—2014 年 25 个县（市）强度效应来看，各地区强度效应对粮食生产总效应的增加贡献均起到促进作用，但作用强度有差异。强度效应对粮食生产总效应增加贡献高于 10.00 万 t 的县（市）有 12 个，其中鄱阳县贡献最大，达到 33.79 万 t；其次是新建县、进贤县和丰城市，分别为 25.45 万 t、22.81 万 t 和 21.96 万 t，南昌县、余干县、都昌县、高安市、樟树市、乐平市、贵溪市和新干县分别为 19.47 万 t、17.34 万 t、15.35 万 t、13.48 万 t、13.41 万 t、12.49 万 t、12.36 万 t 和 10.19 万 t；强度效应对粮食生产总效应增加贡献较低的地方主要聚集分布在沿江开发带上，其中德安县最低，为 2.98 万 t，其次是星子县、湖口县和彭泽县分别为 3.18 万 t、3.26 万 t 和 3.45 万 t，瑞昌市、九江县和浮梁县分别为 3.47 万 t、3.95 万 t 和 4.00 万 t。剩余 6 个县（市）强度效应对粮食生产总效应的增加贡献介于 4.00 万～10.00 万 t。

6.5 本章小结

本章基于扩展的 Kaya 恒等式建立了 LMDI 模型，将粮食生产总效应分解为四个部分：规模效应、广度效应、结构效应和强度效应。在此基础上，从时间维度上揭示了 1995—2014 年鄱阳湖生态经济区粮食生产空间格局变化驱动效应的阶段性变化以及变化趋势，从空间维度上识别了各驱动效应的空间分异情况，得到了以下几方面结论：

（1）总体而言，强度效应对粮食生产总效应增加的贡献最大，其次是结构效应和规模效应，广度效应最小。分阶段来看，第一阶段（1995—1997 年），推动鄱阳湖生态经济区粮食总产量快速增长的驱动效应中，强度效应最大，其次是规模效应和结构效应，而广度效应则起到抑制作用。第二阶段（1998—2003 年），导致鄱阳湖生态经济区粮食总产量缓慢下降的驱动效应中，广度效应最大，其次是规模效应和强度效应，结构效应在一定程度上抑制了粮食的减产。第三阶段（2004—2014 年），推动鄱阳湖生态经济区粮食总产量逐步上升的驱动效应中，强度效应最大，其次是结构效应和规模效应，广度效应最小。

（2）从空间分布来看，粮食生产总效应较高的县（市）处于鄱阳湖生态经济区中部地区和南部地区，而粮食生产总效应相对较低的县（市）处于鄱阳湖生态经济区的边缘地区，且以鄱阳湖生态经济区都昌县、余干县、新建县等 3 县（市）为中心向四周县（市）扩散，粮食生产的总效应呈逐步减小的趋势。

（3）1995—2014 年 25 个县（市）粮食生产变化的规模效应、广度效应、结构效应和强度效应在空间分布上存在较大差异。规模效应对县（市）粮食生产总效应的贡献比较大的是鄱阳县、樟树市、都昌县和余干县，对粮食生产总效应起抑制作用比较大的是丰城市。广度效应对粮食生产总效应贡献比较突出的是余干县、新干县、高安市、安义县和都昌县，对粮食生产总效应起抑制作用比较大的是南昌县、贵溪市和永修县。结构效应对粮食生产总效应贡献较高的是丰城市、余干县、南昌县、新建县和东乡县，对粮食生产总效应起抑制作用较大的是安义县、九江县和瑞昌市。强度效应对粮食生产总效应贡献均起到促进作用，强度较大的是鄱阳县、新建县、进贤县和丰城市，对粮食生产总效应贡献较低的区域主要聚集分布在沿江开发带上，包括德安县、湖口县、星子县、瑞昌市、彭泽县、九江县和浮梁县。

第7章 鄱阳湖生态经济区粮食生产区位优化分析

7.1 引言

我国土地资源缺乏，人均占有量少，区域间分布不均，粮食生产驱动因素多且复杂。目前研究粮食生产的空间尺度集中于县域、省域、全国。对粮食生产空间机制研究主要分为指数法和生产函数法。对于指数法，如钟甫宁等（2001）采用国内资源成本系数法分析我国农业面临战略性结构调整的重大任务，研究表明粮食生产的特殊重要性，通过分析粮食生产的地区比较优势，与现有的研究相比，该研究对各省市区内各主要粮食作物的相对国内资源成本系数进行排序，更准确地反映了李嘉图的比较优势原理。对于生产函数方法，常见的是超越对数型的随机前沿方法和柯布-道格拉斯型平均生产函数方法。孙昊（2014）采用随机前沿生产函数模型分析了我国主产区单位面积小麦生产技术效率总体状况与变化特征，并对地区间差异进行了比较。结果表明我国地区间技术效率及其变化特征存在明显差异，多数地区小麦生产技术效率变化趋于稳定，少数地区年度间变化较大，个别省份还有进一步提高技术效率的潜力。以上几种方法对于研究粮食生产特征均存在一些偏差等不足。随着学术界对“空间”数据获取的多样性及重视，讨论粮食生产及其投入要素的空间特性，更多通过采用空间计量分析模型来研究，金涛等（2013）从耕地利用的角度，从强度、结构、数量、广度等4个方面对江苏粮食生产的影响因子进行分析，但因残差的存在使得分析结果受一定的限制。在区域中同时利用时序和空间维度进行粮食生产机理及其变化研究的文献很少见。对数平均迪氏分解方法与其他分解方法（如拉式分解法）相比具有可以消除残差项、因素可逆、不产生余值，以及乘积分解与加和分解最终结论相同等特点，为探究目标变量的时空差异及其主导因素提供了很好的方法。刘玉等（2013）采用模型对黄淮海地区县域粮食生产进行了分解，发现粮食单产对粮食生产的促进作用最大。

鄱阳湖生态经济区是江西省重要产粮区域，但是粮食供求区域不平衡问题依然存在，此外，受资源、环境的双重约束也越来越突出，在此形势下，进行科学、合理的粮食生产布局，充分发挥区域粮食生产的比较优势以提高粮食生产综合生产能力，成为当前鄱阳湖生态经济区粮食生产发展的关键环节。基于此，在已有的相关研究基础上，结合第6章探讨的规模效应、广度效应、结构效应和强度效应，构建了驱动因子优势指数，根据区域的实际情况，结合鄱阳湖生态经济区粮食生产变化情况以及引起这些变化的驱动因子，为优化粮食生产布局提供指导方向。

7.2 研究方法、数据来源

7.2.1 研究方法

根据叶春辉（2004）、陆文聪（2005）和杨春（2010）构建的比较优势指数，本章考虑了第6章探讨的规模效应、广度效应、结构效应和强度效应，构建了各驱动因子优势指数，其具体形式如下：

$$\mathrm{SAI}_i = \frac{L_i}{\overline{\sum_{i=1}^{n} L_i}} \tag{7-1}$$

式中，SAI_i 为 i 地区耕地规模效应优势指数；L_i 为耕地面积；$\overline{\sum_{i=1}^{n} L_i}$ 为鄱阳湖生态经济区总耕地面积平均到各县（市）的数量。

由此依次得到广度效应优势指数、结构效应优势指数和强度效应优势指数，具体形式如下：

$$\mathrm{FI}_i = \frac{J_i}{\overline{\sum_{i=1}^{n} J_i}}；\ \mathrm{KI}_i = \frac{K_i}{\overline{\sum_{i=1}^{n} K_i}}；\ \mathrm{QI}_i = \frac{Q_i}{\overline{\sum_{i=1}^{n} Q_i}} \tag{7-2}$$

当 $\mathrm{SAI}_i > 1$ 时，表示该县（市）粮食生产耕地规模高于鄱阳湖生态经济区平均水平，具有比较优势；反之，$\mathrm{SAI}_i < 1$ 时，表示该县（市）粮食生产耕地规模低于鄱阳湖生态经济区平均水平，不具有比较优势；$\mathrm{SAI}_i = 1$ 时，表示该县（市）粮食生产耕地规模与鄱阳湖

生态经济区平均水平持平。其他依此类推。

7.2.2 数据来源

本章涉及的主要指标包括鄱阳湖生态经济区 25 个县（市）粮食总产量、粮食播种面积、耕地面积，农作物播种面积、粮食单产，研究数据主要来源于江西省各设区市统计年鉴，部分数据基于年鉴数据计算获得。

7.3 鄱阳湖生态经济区粮食生产驱动效应比较优势分析

为反映当前各县（市）粮食生产驱动效应比较优势现状，本章取 2012、2013 和 2014 年的 3 年均值作为基准，主要原因有两方面：一方面，消除偶然因素；另一方面，本研究目的是为今后鄱阳湖生态经济区进行科学、合理的粮食生产布局提供理论指导，因此，用最近 3 年粮食生产数据，使得结果更具有针对性。具体各驱动效应的比较优势指数见表 7-1。

表 7-1 2012—2014 年 25 个县（市）各驱动效应比较优势表

地区	SAI	FI	KI	QI	地区	SAI	FI	KI	QI
南昌县	1.88	1.01	1.18	1.14	彭泽县	0.88	0.69	0.48	1.01
新建县	1.46	0.92	1.22	1.08	瑞昌市	0.46	0.94	0.71	0.84
安义县	0.44	1.40	0.86	0.98	余江县	0.64	1.00	1.20	1.00
进贤县	1.49	0.98	1.01	1.00	贵溪市	0.91	0.93	1.28	0.92
乐平市	0.94	1.14	0.99	1.07	新干县	0.74	1.21	1.09	1.02
浮梁县	0.49	0.99	0.99	1.01	东乡县	0.71	0.96	1.20	1.01
九江县	0.47	0.94	0.45	0.93	丰城市	2.21	1.08	1.19	1.04
武宁县	0.49	1.01	0.99	0.85	樟树市	1.31	1.08	1.02	1.11
永修县	0.83	0.81	0.90	1.14	高安市	1.84	0.99	1.01	1.09
德安县	0.32	0.89	0.65	1.04	余干县	1.38	1.24	1.36	0.97
星子县	0.30	0.84	0.94	0.95	鄱阳县	2.66	0.95	1.23	0.97
都昌县	1.17	0.96	1.04	0.96	万年县	0.55	1.01	1.30	0.93
湖口县	0.43	1.06	0.72	0.93					

注：经资料计算整理得到。

从表 7-1 可以看出，从规模效应方面来看，鄱阳县、丰城市、高安市、南昌县、进贤县、新建县、余干县、樟树市和都昌县等 9 个县（市）具有较大的比较优势，其中鄱阳县规模效应优势指数最大，为 2.66，其次是丰城市，为 2.21，这些地区适合规模化、专业化粮食生产发展；而星子县、德安县、湖口县、安义县、浮梁县、九江县、武宁县、瑞昌市、余江县、东乡县、彭泽县、贵溪市、新干县、万年县、乐平市、永修县等 16 个县（市）规模效应处于比较劣势，其中星子县规模效应优势指数最小，为 0.30，其次是德安县，为 0.32，这些地区一方面与较小的行政区划面积有关，另一方面，也与其山多、湖泊多的地貌特征有关。

从广度效应方面来看，南昌县、安义县、余干县、湖口县、丰城市、新干县、樟树市、乐平市、武宁县和万年县等 10 个县（市）具有较大的比较优势，其中安义县广度效应优势指数最大，为 1.40，其次是余干县，为 1.24；而新建县、进贤县、浮梁县、九江县、德安县、永修县、星子县、彭泽县、都昌县、瑞昌市、贵溪市、东乡县、鄱阳县和高安市等 14 个县（市）广度效应处于比较劣势，其中彭泽县广度效应优势指数最小，为 0.69，其次是永修县，为 0.81；余江县广度效应比较优势指数均为 1.00，即余江县的广度效应比较优势水平与鄱阳湖生态经济区粮食生产的平均发展水平持平。

从结构效应来看，余干县、万年县、贵溪市、鄱阳县、新建县、余江县、东乡县、丰城市、南昌县、进贤县、都昌县、新干县、樟树市和高安市等 14 个县（市）具有较高的结构效应比较优势，其中余干县的结构效应优势指数最大，为 1.36，其次是万年县，为 1.30；而九江县、彭泽县、瑞昌市、德安县、湖口县、安义县、乐平市、浮梁县、武宁县、永修县、星子县等 11 个县（市）结构效应处于比较劣势，其中九江县结构效应优势指数最小，为 0.45，其次是彭泽县，为 0.48。

从强度效应来看，浮梁县、德安县、彭泽县、新干县、东乡县、永修县、南昌县、樟树市、高安市、新建县、乐平市、丰城市等 12 个县（市）具有比较优势，其中南昌县和永修县的强度效应优势指数最大，均为 1.14，其次是樟树市，为 1.11；而万年县、瑞昌市、湖口县、星子县、都昌县、余干县、鄱阳县、安义县、九江县、武宁县、贵溪市等 11 个县（市）强度效应处于比较劣势，其中瑞昌市强度效应优势指数最小，为 0.82，其次是武宁县，为 0.86；余江县、进贤县等 2 个县（市）结构效应比较优势指数均为 1.00，即余江县、进贤县等 2 个县（市）的强度效应比较优势水平与鄱阳湖生态经济区粮食生产的平均发展水平持平。

7.4 鄱阳湖生态经济区粮食生产空间格局优化策略

近年来，在城镇化、工业化及鄱阳湖生态经济区建设、粮食生产支持政策等因素的综合作用下，鄱阳湖生态经济区粮食生产及其空间格局发生了显著变化。位于鄱阳湖东岸、南岸的鄱阳县、余干县、东乡县、进贤县、南昌县、新建县、丰城市、高安市、樟树市等地区粮食生产地位逐步上升，而沿长江经济带的瑞昌市、九江县、彭泽县、星子县和湖口县等地区粮食生产地位处于较低水平。粮食生产的人口差异在逐步扩大，粮食生产向经济落后地区集中。正是粮食生产的四个驱动因子在时空上表现出的差异性导致粮食生产格局的变化，而目前，各县（市）驱动因子所具有的比较优势的差异势必也影响着今后的粮食生产，因此，本研究从空间角度，用各驱动效应对粮食生产促进方向与比较优势两项指标，建立 2×2 表，探讨优化粮食生产布局，制定分区域粮食生产政策，具体分析如下。

7.4.1 规模效应

根据粮食生产规模效应的驱动方向与规模效应比较优势指数的关系，将鄱阳湖生态经济区 25 个县（市）进行分类，具体如下：规模效应对粮食生产是促进作用，且规模效应优势指数大于 1 的县（市）有鄱阳县、樟树市、都昌县、余干县、高安市、新建县、进贤县等 7 个县（市）；规模效应对粮食生产是抑制作用，且规模效应优势指数大于 1 的县（市）有南昌县、丰城市；规模效应对粮食生产是促进作用，且规模效应优势指数小于 1 的县（市）有彭泽县、永修县、余江县、星子县、东乡县、德安县、贵溪市等 7 个县（市）；规模效应对粮食生产是抑制作用，且规模效应优势指数小于 1 的县（市）有乐平市、安义县、浮梁县、武宁县、九江县、新干县、瑞昌市、万年县、湖口县等 9 个县（市）（表 7-2）。

表 7-2 规模效应的驱动方向与比较优势分析表

分类	促进作用	抑制作用
比较优势	鄱阳县、樟树市、都昌县、余干县、高安市、新建县、进贤县	丰城市、南昌县
比较劣势	彭泽县、永修县、余江县、星子县、东乡县、德安县、贵溪市	乐平市、安义县、浮梁县、武宁县、九江县、新干县、瑞昌市、万年县、湖口县

从第 6 章的驱动效应分析可知，规模效应对粮食生产促进作用比较显著，而空间上也具有差异，因此从以下两方面进行探讨：

（1）在耕地资源丰富地区统筹耕地保护与城镇化发展，实现适度规模化经营。鄱阳县、樟树市、都昌县、余干县、高安市、新建县、进贤县、南昌县、丰城市等 9 个县（市）地处鄱阳湖平原和赣抚平原，耕地后备资源丰富，拥有较好的粮食生产基础，其规模效应具有比较优势（表 7-2）。然而，伴随城镇化的不断深入，城镇建设用地和工业用地开始占用大量耕地，在丰城市、南昌县因耕地的减少已经对粮食生产起到抑制作用。对于耕地的保护不仅有利于确保安全，更有利于城镇化的可持续发展。因此，首先在空间上协调好耕地保护与城镇化之间的关系，重点对南昌县和丰城市周边的优质耕地划清界限，按照城市总体规划要求，从严控制用地规模，防止各类无序建设占用耕地和基本农田；其次，对于鄱阳县、樟树市、都昌县、高安市、进贤县和新建县等粮食主产县（市），划定粮食生产功能战略，严格执行耕地占补平衡制度，明确耕地补偿要求，确保被占用耕地得到补充的同时，耕地质量也不能下降；最后，这些地区耕地具有规模优势，因此规范农地流转行为，完善农地流转登记制度，加强监督，防止农地流转中出现“非粮化”与“非农化”倾向，积极培养和扶植以农业生产为主要收入来源的新型农业的经营主体，从事农业的规模化、专业化经营，降低农业生产成本，最大限度提高农地利用效率。

（2）在比较劣势地区提升耕地集约利用水平、加强耕地综合治理。因行政区划以及地貌特征等原因，彭泽县、永修县、余江县、星子县、东乡县、德安县、贵溪市、乐平市、安义县、浮梁县、武宁县、九江县、新干县、瑞昌市、万年县、湖口县等 16 个县（市）规模效应处于比较劣势，这些地区人多地少，后备耕地资源开发潜力低，农地利用集约化水平不高。因此，应在保护耕地的同时，大力提升耕地集约利用水平。首先，应进一步加强耕地数量的保护，严格坚守“耕地红线”和永久基本农田，稳定粮食生产；其次，在坚持和完善耕地保护制度的前提下，赋予农民对承包地占有、使用、收益、抵押及担保权能，允许农民以承包经营权入股入市，为粮食生产集约化提供资金支持；同时积极引导“企业+基地+农户”或“企业+农户”等经营模式，将原来土地利用方式由粗放经营逐渐转变为集约经营；最后，加强耕地综合治理。在彭泽县、星子县、湖口县、万年县等湖滨和沿江等地区因水土流失，土地沙化、盐渍化比较严重，这些地区生态环境脆弱，严重制约着耕地的增长，影响粮食安全。为此，重点加强土地综合治理，开展重大生态修复工程，测土配方、科学施肥，将原来不适于粮食生产的地区改良成耕地，使规模效应起到促进作用的地区能够继续稳定，抑制作用的地区逐渐变为促进作用。

7.4.2 广度效应

根据粮食生产广度效应的驱动方向与广度效应比较优势指数的关系，将鄱阳湖生态经济区 25 个县（市）进行分类，具体如下：广度效应对粮食生产是促进作用，且广度效应优势指数大于 1 的县（市）有余干县、新干县、万年县、安义县、湖口县、乐平市等 6 个县（市）；广度效应对粮食生产是抑制作用，且广度效应优势指数大于 1 的县（市）有南昌县、丰城市、余江县、樟树市、武宁县等 5 个县（市）；广度效应对粮食生产是促进作用，且广度效应优势指数小于 1 的县（市）有都昌县、鄱阳县、瑞昌市、九江县、浮梁县、高安市、德安县等 7 个县（市）；广度效应对粮食生产是抑制作用，且广度效应优势指数小于 1 的县（市）有贵溪市、永修县、东乡县、进贤县、彭泽县、新建县、万年县、星子县等 7 个县（市）（表 7-3）。

表 7-3　广度效应的驱动方向与比较优势分析表

分类	促进作用	抑制作用
比较优势	余干县、新干县、万年县、安义县、湖口县、乐平市	南昌县、丰城市、余江县、樟树市、武宁县
比较劣势	都昌县、鄱阳县、瑞昌市、九江县、浮梁县、德安县、高安市	贵溪市、永修县、东乡县、进贤县、彭泽县、新建县、星子县

近年来广度效应对粮食生产的促进作用比较小，但空间差异比较明显。因资源禀赋、地形、区位等原因，一些地区的复种指数长期处于较高水平，相反，一些地区因缺乏必要的基础条件、驱动机制也不完善，复种指数呈下降趋势，因此，对复种指数下降的地区提出以下建议。

（1）积极转向现代耕作技术，大力支持生物技术发展。尽管目前要素投入，尤其是劳动力投入使耕作制度得以稳定提高，但这种传统的耕作技术对粮食增产的贡献空间越来越小。因此，有必要改变传统耕作技术，积极转向现代耕作技术。现代耕作技术包括水稻旱育抛秧、设施栽培、地膜覆盖等，这些技术的进步和推广应用，不仅可以大大缩短农田作业时间，而且在一定程度上缩短农作物前后茬之间空闲时间，延长了生长时间跨度，促使复种指数提高。此外，通过大力支持生物技术发展，研发具有抗旱、抗冻、耐湿、抗盐和抗病虫害的作物品种，切实提高作物收成面积。

（2）加快农产品物流体系建设，提高农产品收益。在一些地区，如武宁县，其生态农业发展已取得很大进步，生态农产品逐年增长，然而由于地理区位的原因，物流体系不发达，导致农产品运输成本较高，即使运到目的地，也因不新鲜导致价格缺乏优势，农产品收益空间缩小，极大地影响了农民对土地的利用程度。因此，重点加快武宁县、安义县、余江县、永修县、东乡县、万年县等邻近大中小城市的农产品物流体系建设，利用区位优势大力发展面向城镇居民的蔬菜、水果等，建立新鲜农产品绿色通道和专线，降低运输成本，切实提高农产品收益，提高农民从事农业生产积极性。

（3）加大农业生产支持力度，引导劳动力合理流动。在非农经济比较发达的地区，如南昌县、丰城市、樟树市、新建县、进贤县、贵溪市等，这些地区非农就业机会较多，非农收入高于从事农业生产的收入，致使从事农业生产的劳动力不断向非农部门转移，造成了土地弃耕、撂荒等现象。因此，加大农业生产扶持力度，通过采取加大资金支持和制定优惠政策等一系列措施，切实提高农业生产收益，引导和鼓励劳动力留在农业生产当中。

7.4.3 结构效应

根据粮食生产结构效应的驱动方向与结构效应比较优势指数的关系，将鄱阳湖生态经济区 25 个县（市）进行分类，具体如下：结构效应对粮食生产是促进作用，且结构效应优势指数大于 1 的县（市）有丰城市、余干县、南昌县、新建县、鄱阳县、贵溪市、东乡县、万年县、进贤县、余江县、都昌县、樟树市和高安市等 13 个县（市）；结构效应对粮食生产是抑制作用，且结构效应优势指数大于 1 的县（市）只有新干县；结构效应对粮食生产是促进作用，且结构效应优势指数小于 1 的县（市）有乐平市、永修县、湖口县、武宁县、星子县等 5 个县（市）；结构效应对粮食生产是抑制作用，且结构效应优势指数小于 1 的县（市）有安义县、九江县、瑞昌市、德安县、浮梁县、彭泽县等 6 个县（市）（表 7-4）。

表 7-4 结构效应的驱动方向与比较优势分析表

分类	促进作用	抑制作用
比较优势	丰城市、余干县、南昌县、新建县、鄱阳县、贵溪市、东乡县、万年县、进贤县、余江县、都昌县、樟树市、高安市	新干县
比较劣势	乐平市、永修县、湖口县、武宁县、星子县	安义县、九江县、瑞昌市、德安县、浮梁县、彭泽县

由实证分析可知，结构效应对粮食生产的促进作用也较明显。然而，目前鄱阳湖生态经济区粮食单产水平已处于较高水平，继续大幅度提高粮食单产难以持续，因此，稳定和继续扩大粮食播种面积，对于粮食增长具有重要意义。尽管鄱阳湖生态经济区粮食播种面积在稳定增加，但区域间的差异仍较明显，一些地区粮食播种面积增加幅度慢于农作物播种面积增加幅度，从而对粮食增长的贡献未能完全释放。因此，对稳定和扩大粮食播种面积提供以下几点建议：

（1）完善粮食生产补贴政策。随着 2004 年粮食生产补贴由间接变为直接补贴，极大地刺激了农民种植粮食的积极性，但粮食直补政策属于“普惠型”政策，随着时间的推移，对种粮农民产生的激励作用逐渐衰退。为此，一方面应进一步加大粮食直补力度。据资料显示，2013年江西省粮食直补为11.8元/亩，而湖南省为15元/亩，江苏省为20元/亩，作为粮食主产区也是粮食净调出省，粮食直补金额低于其他粮食主产区，因此，建议政府继续加大对粮食补贴力度，设立专项资金，每年按时将粮食补贴发放给农民，且相关部门要公开支付给农民的粮食补贴金额，接受社会审核和监督，切实保障粮食生产地区和农民的利益；另一方面，进一步完善粮食直补方式。目前粮食直补仍是按耕地面积直接补贴农民，导致一些不愿种地甚至抛荒的农民变相福利，不能充分保护种粮农民的利益。因此，建议改善种粮直接补贴方式，根据实际种地农民出售的粮量进行补贴，使种粮直接补贴资金真正补给种粮农民，调动种粮农民的积极性。此外，建议加大农业补贴适当向种粮大户、农民专业合作社倾斜力度，尤其在粮食生产条件较好但经济水平较低的地区，如鄱阳县、余干县、万年县、都昌县等，为这些县（市）进一步实现规模化经营提供支持。

（2）加大对粮食主产县（市）的扶持力度。由于工业化、城镇化以及农村道路基础设施建设等方面的原因，有7个县（市）粮食播种面积占农作物播种面积比重下降，樟树市、高安市和进贤县粮食播种面积占农作物播种面积逐渐向鄱阳湖生态经济区平均水平逼近，这些粮食主产县（市）粮食播种面积的变化很大程度上源于省级政府对其粮食生产扶持力度不强，地方上对于粮食生产积极性不高。因此，应重点加强对粮食主产县（市）粮食生产的扶持力度，建立有效的粮食生产补偿机制。一方面加大对主产县（市）已建立粮食生产永久性基本农田的保护和监督，加强对其农田水利基础设施投入；另一方面，应进一步贯彻“多予、少取、放活”的方针，积极实施按粮食播种面积或粮食总产量奖励，调动其粮食生产积极性。

7.4.4 强度效应

根据粮食生产强度效应的驱动方向与强度效应比较优势指数的关系，将鄱阳湖生态经济区 25 个县（市）进行分类，具体如下：强度效应对粮食生产是促进作用，且强度效应优势指数大于1的县（市）有永修县、南昌县、樟树市、高安市、新建县、乐平市、德安县、丰城市、新干县、东乡县、浮梁县、彭泽县、进贤县和余江县等14个县（市）；强度效应对粮食生产是促进作用，且强度效应优势指数小于1的县（市）有瑞昌市、武宁县、贵溪市、湖口县、万年县、九江县、星子县、都昌县、余干县、鄱阳县和安义县等 11 个县（市）；没有县（市）处于强度效应对粮食生产是抑制作用，且强度效应优势指数大于1的县（市）和强度效应对粮食生产是抑制作用，且强度效应优势指数小于1的县（市）（表7-5）。

表7-5　强度效应的驱动方向与比较优势分析表

分类	促进作用	抑制作用
比较优势	永修县、南昌县、樟树市、高安市、新建县、乐平市、德安县、丰城市、新干县、东乡县、浮梁县、彭泽县、进贤县、余江县	—
比较劣势	瑞昌市、武宁县、贵溪市、湖口县、万年县、九江县、星子县、都昌县、余干县、鄱阳县、安义县	—

由上述实证分析可知，强度效应是粮食增产的直接驱动力。但实证分析也发现，鄱阳湖生态经济区内沿长江经济开发带的几个县（市）粮食单产水平长期处于较低水平，且提高缓慢。因此，充分挖掘这些地区粮食生产潜力，提高粮食单产水平，对于未来保障鄱阳湖生态经济区粮食增产有重要的实际意义。为此建议如下：

（1）加大粮食生产科技研发和推广力度。“科学技术是第一生产力”。相关研究也表明，技术进步不仅是鄱阳湖生态经济区粮食全要素生产率增长的主要源泉，更是实现可持续增长的重要途径。但是，目前技术扩散，即技术转换率不高①。为此，应进一步加大粮食生产科研研发、促进技术推广。第一，继续加大科技研发投入力度。加大对良种培育、高科技灌溉和机械耕作等专项科研项目、“产学研”合作等形式的扶持力度，逐步提高农业科技研发投入占农业增加值的比重，建立投入稳定增长的长效机制，促进技术进步；第二，建立高等院校和农业研发机构科研合作机制。联合江西农业大学、江西省农业科学院以及相关涉农单位就粮食生产新技术加强科研攻关，切实提高科技转化率；第三，加快新技术推广。一方面加大对基层农业技术推广体系的建设，促使优秀的粮食生产科技成果顺利推广。通过粮食产业化、商业化等不同路径，加强粮农对现有前沿生产技术内部消化和吸收，促使粮农感受到新技术带来的收益增加。另一方面，提高农民的种粮管理水平。通过加大对种粮农民的生产技术培训和推广，提升粮农的专业技能，强化粮农对科技知识的运用程度和田间管理水平。

（2）加强中低产田改造。瑞昌市、武宁县、湖口县、万年县、九江县、星子县、都昌县、余干县和鄱阳县，位于鄱阳湖东岸、北岸和长江岸边，因水利等基础设施较落后，水土流失，土地沙化、渍涝地和盐碱地严重，生态环境较恶劣，粮食单产水平较低。与此相对，自20世纪50年末期建设包括进贤县、南昌县、新建县、樟树市、丰城市、高安市等地区在内的赣抚平原灌区以来，水利等基础设施逐步完善，抗御水旱能力不断加强，粮食生产综合能力稳定提高，亩均粮食总产量由150 kg提高到900 kg。为此，应重点加强鄱阳

① 陈苏，张利国. 鄱阳湖生态经济区粮食全要素生产率研究——基于25个县（市）面板数据的DEA分析[J]. 鄱阳湖学刊，2013（6）：81-86。

县、余干县、万年县、都昌县、武宁县等地区农田水利基础设施建设，因地制宜兴建中小型水利设施，促进旱涝保收高标准农田建设。此外，通过生物措施、化学措施、耕作措施等措施对瑞昌市、星子县、九江县等地区进行中低产田综合改造，稳步提高粮食生产能力。

7.5 本章小结

本章采用比较优势指数，根据区域的实际情况，结合鄱阳湖生态经济区粮食生产变化情况以及引起这些变化的驱动因子，主要结论如下：

（1）南昌县、进贤县、新建县、都昌县、丰城市、樟树市、高安市、余干县和鄱阳县等 9 个县（市）规模效应指数具有比较优势，剩下的 16 个县（市）则处于比较劣势；南昌县、安义县、乐平市、武宁县、湖口县、新干县、丰城市、樟树市、万年县和余干县等 10 个县（市）广度效应指数具有比较优势，余江县与鄱阳湖生态经济区平均水平相当，剩下的 14 个县（市）则处于比较劣势；南昌县、新建县、进贤县、都昌县、余江县、贵溪市、新干县、东乡县、丰城市、樟树市、余干县、高安市、鄱阳县和万年县等 14 个县（市）结构效应指数具有比较优势，剩下的 11 个县（市）处于比较劣势；南昌县、新建县、进贤县、乐平市、浮梁县、永修县、德安县、彭泽县、新干县、丰城市、樟树市、高安市、东乡县和余江县等 14 个县（市、区）强度效应指数具有比较优势，剩下的 11 个县（市）处于比较劣势。

（2）基于鄱阳湖生态经济区粮食生产空间格局变化特征以及引起变化的驱动效应空间分异，结合当前各地区间驱动效应比较优势发挥，对进一步促进鄱阳湖生态经济区粮食生产，优化粮食生产布局提供指导方向，即鄱阳县、樟树市、都昌县、余干县、高安市、新建县、进贤县等地区，在统筹耕地保护与城镇化发展的同时，实现规模化经营；加强对彭泽县、星子县、湖口县、万年县等湖滨和沿江等生态环境脆弱区耕地综合治理，提升耕地集约利用水平。积极转向现代耕作技术，大力支持生物技术发展；加快武宁县、安义县、余江县、永修县、东乡县、万年县等邻近大中小城市的农产品物流体系建设，提高农产品收益；加大非农经济较发达的南昌县、丰城市、樟树市、新建县、进贤县、贵溪市等地区农业生产支持力度，积极引导劳动力合理流动。完善粮食生产补贴政策；加大对粮食主产县（市）的扶持力度。加大粮食生产科技研发和推广力度；加强瑞昌市、武宁县、湖口县、万年县、九江县、星子县、都昌县、余干县和鄱阳县等地区农田水利基础建设和中低产田改造。

第8章 结论与政策建议

8.1 主要结论

随着工业化、城镇化、农业现代化进程的不断推进，我国粮食安全问题日益凸显，而粮食安全始终是关系我国国民经济发展、社会稳定和国家安全的全局性重大战略问题。与此同时，如何提高粮食总产量、质量、效率为学术界所广泛热议。鄱阳湖生态经济区作为江西省的传统农区，一直以来粮食生产在全省粮食生产中占有重要地位。在此背景下，本研究首先梳理了国内外学者对粮食研究的深度和广度；其次介绍本研究运用的相关理论和概念界定；再次从鄱阳湖生态经济区粮食总产量、粮食播种面积、粮食单产、粮食全要素生产率、粮食环境技术效率、粮食生产的驱动效应以及粮食生产的空间布局优化等方面进一步深入研究；最后根据本研究所得出的结论以及针对鄱阳湖生态经济区粮食生产的优势和劣势，提出科学合理的政策建议。研究的主要结论有：

研究内容一：鄱阳湖生态经济区粮食生产时空变化分析

本部分内容以 1995—2014 年鄱阳湖生态经济区 25 个县（市）粮食生产的统计数据为基础，从时间维度上分析了鄱阳湖生态经济区粮食生产的粮食播种面积、粮食单产、粮食总产量的时序变化；从空间维度上分析了鄱阳湖生态经济区粮食生产的粮食播种面积、粮食单产、粮食总产量的空间演变，研究结果表明：

第一，从时间维度看，鄱阳湖生态经济区粮食播种面积、粮食单产和粮食总产量大致经历了 3 个阶段。1995—1997 年为第一阶段，粮食播种面积稳定上升，粮食单产快速上升，促使粮食总产量稳定增加；1998—2003 年为第二阶段，粮食播种面积不断萎缩，粮食单产水平缓慢提高，导致粮食总产量呈下降态势；2004—2014 年为第三阶段，粮食播种面积持续增加，粮食单产稳定提高，促进粮食总产量持续增长，实现了“十二连增”，创历史新高。总的来说，鄱阳湖生态经济区粮食单产的波动趋势与粮食总产量波动趋势大体是一致的，部分年份粮食单产的波动趋势与粮食总产量波动趋势不一致。

第二，从空间维度看，鄱阳湖生态经济区 25 个县（市）粮食总产量、粮食播种面积、粮食单产等均较少的县（市）的个数在减少，而粮食总产量、粮食播种面积、粮食单产等较大（高）的县（市）的个数在增多。

研究内容二：鄱阳湖生态经济区粮食全要素生产率分析

本部分内容采用 DEA-Malmquist 指数模型对鄱阳湖生态经济区 25 个县（市）2002—2014 年粮食全要素生产率进行测算，分别从时间维度和空间维度对鄱阳湖生态经济区粮食全要素生产率、技术效率、技术进步、纯技术效率、规模效率进行分析，通过其时序和空间演变，摸清全要素生产率与技术效率和技术进步之间的关系，以及技术效率与纯技术效率和规模效率之间的关系，最后采用变异系数法，进一步解析鄱阳湖生态经济区各县（市）粮食全要素生产率、技术效率、技术进步、纯技术效率、规模效率的差异，为提高粮食生产率以及粮食总产量提供针对性的政策建议。为此，得到了以下几方面结论：

第一，从时间维度上分析可知，2002—2014 年，鄱阳湖生态经济区粮食全要素生产率整体呈上升趋势，年均上升 1.2%。其中，2002、2003、2005、2006、2012 年粮食全要素生产率是下降的，其余 8 个年份粮食全要素生产率均是上升的。2013 年粮食全要素生产率上升最快，比上一年上升了 16.1%，其次是 2004 年，上升了 10.9%；2012 年粮食全要素生产率下降最多，比上一年下降了 5.1%，其次是 2006 年，下降了 5.0%。

第二，从空间维度上分析可知，2002—2014 年，鄱阳湖生态经济区粮食全要素生产率上升的县（市）有南昌县、新建县、安义县、进贤县、乐平市、九江县、武宁县、永修县、德安县、星子县、都昌县、湖口县、彭泽县、瑞昌市、丰城市、樟树市、高安市、余干县、鄱阳县等 19 个县（市），其中，星子县粮食全要素生产率上升最快，年均上升 7.0%，其次是浮梁县，年均上升 5.5%；粮食全要素生产率下降的县（市）有浮梁县、贵溪市、余江县、新干县、东乡县、万年县等 6 个县（市），其中，余江县粮食全要素生产率下降最多，年均下降 4.7%，其次是浮梁县、万年县，年均下降均为 1.9%。

第三，从鄱阳湖生态经济区粮食全要素生产率的差异上分析可知，鄱阳湖生态经济区各县（市）粮食全要素生产率的变异系数波动较为频繁。2002—2014 年，鄱阳湖生态经济区粮食全要素生产率的变异系数变化趋势主要分为两个阶段：第一阶段为 2002—2008 年，粮食全要素生产率呈波动减少的变化趋势，说明此期间粮食全要素生产率的差异在缩小；第二阶段为 2009—2014 年，粮食全要素生产率呈连续“M”型的周期变化态势，说明此期间鄱阳湖生态经济区各县（市）的粮食全要素生产率的差异在做周期性变化。

第四，2002—2014年，鄱阳湖生态经济区粮食全要素生产率与粮食产出的二元全局空间自相关呈先增强后减弱演变过程，而二元局部空间自相关主要集中在鄱阳湖生态经济区西部，从集聚相关程度来看，处于高-高地区的县（市）重心由西南向西北方向移动；处于高-低地区的县（市）重心由西北向北方向移动；处于低-高地区的县（市）重心由西南向西北方向移动；处于低-低地区的县（市）重心由北向西北方向移动。

研究内容三：鄱阳湖生态经济区粮食生产技术效率及影响因素分析

本部分内容采用DDF方法，首先，测算2001—2014年鄱阳湖生态经济区25个县（市）粮食生产传统技术效率和粮食生产环境技术效率；其次，对两种技术效率的差异做对比分析、排名分析，在此基础上，探讨鄱阳湖生态经济区粮食生产与环境协调；最后，探究影响鄱阳湖粮食生产环境技术效率的因素，得出如下结论：

第一，在考虑环境污染对粮食生产技术效率的影响的情况下，2001—2014年鄱阳湖生态经济区25个县（市）粮食生产环境技术效率整体呈先持续下降后持续上升再持续下降态势，其中粮食生产环境技术效率2001年最高为0.879 1，2008年最低为0.733 9；在不考虑环境污染对粮食生产技术效率影响的情况下，2001—2014年鄱阳湖生态经济区25个县（市）粮食生产传统技术效率整体呈先波动下降后波动上升再持续下降态势，2011年粮食生产传统技术效率最高且为0.901 4，2006年最低且为0.815 1。

第二，2001—2003年，鄱阳湖生态经济区25个县（市）粮食生产环境技术效率和粮食生产传统技术效率的差距较小，2003年以后，鄱阳湖生态经济区25个县（市）粮食生产环境技术效率和传统技术效率的差距整体呈扩大态势。

第三，从鄱阳湖生态经济区粮食生产两种技术排名来看，2001—2014年，考虑环境污染因素后，除进贤县、德安县、星子县排名没有发生变化外，其他各县（市）环境技术效率排名与传统技术效率排名均存在一定差异，有的县（市）甚至存在较大差距。从排名的先后顺序来看，新建县、都昌县、贵溪市、东乡县等县（市）存在粮食生产传统技术效率和环境技术效率皆排名靠后的“双重问题”。

第四，根据2001、2006、2011年以及2014年鄱阳湖生态经济区25个县（市）粮食生产与环境协调性分析可知，“粮食生产与环境高度协调”县（市）的个数呈“减少—增加—减少”的变化态势，“粮食生产与环境较为协调”、“粮食生产与环境较不协调”县（市）的个数均呈“增加—减少—增加”的变化态势，“粮食生产与环境高度不协调”县（市）的个数呈“增加”态势。

第五，影响因素回归结果表明，农村用电量、单位面积粮食总产量、有效灌溉面积占比、单位面积化肥施用量、农业机械总动力、劳均经营规模和种粮人口比重均显著影响鄱阳湖生态经济区粮食生产环境技术效率。其中，单位面积粮食总产量、有效灌溉面积占比、农业机械总动力、劳均经营规模和种粮人口比重均在 1%的水平上显著影响鄱阳湖生态经济区粮食生产环境技术效率；农村用电量在 5%的水平上显著影响鄱阳湖生态经济区粮食生产环境技术效率；单位面积化肥施用量在 10%的水平上显著影响鄱阳湖生态经济区粮食生产环境技术效率。

研究内容四：鄱阳湖生态经济区粮食生产驱动效应分析

本部分基于扩展的 Kaya 恒等式建立了 LMDI 模型，将粮食生产总效应分解为四个部分，即规模效应、广度效应、结构效应和强度效应。在此基础上，从时间维度上揭示了 1995—2014 年鄱阳湖生态经济区粮食生产空间格局变化驱动效应的阶段性变化以及变化趋势，从空间维度上识别了各驱动效应的空间分异情况，得到了以下几方面结论：

第一，总体而言，强度效应对粮食生产总效应的贡献最大，其次是结构效应和规模效应，广度效应最小。分阶段来看，第一阶段（1995—1997 年），推动鄱阳湖生态经济区粮食总产量快速增长的驱动效应中，强度效应最大，其次是规模效应和结构效应，而广度效应则起到抑制作用。第二阶段（1998—2003 年），导致鄱阳湖生态经济区粮食总产量缓慢下降的驱动效应中，广度效应最大，其次是规模效应和强度效应，结构效应在一定程度上抑制了粮食的减产。第三阶段（2004—2014 年），推动鄱阳湖生态经济区粮食总产量逐步上升的驱动效应中，强度效应最大，其次是结构效应和规模效应，广度效应最小。

第二，从空间分布来看，粮食生产总效应较高的县（市）处于鄱阳湖生态经济区中部地区和南部地区，而粮食生产总效应相对较低的县（市）处于鄱阳湖生态经济区的边缘地区，且以鄱阳湖生态经济区都昌县、余干县、新建县等 3 县（市）为中心向四周县（市）扩散，粮食生产的总效应呈总体减小的态势。

第三，1995—2014 年，鄱阳湖生态经济区 25 个县（市）粮食生产变化的规模效应、广度效应、结构效应和强度效应在空间分布上存在较大差异。规模效应对县（市）粮食生产总效应贡献比较大的是鄱阳县、樟树市、都昌县和余干县；对粮食生产总效应起抑制作用比较显著的是丰城市。广度效应对粮食生产总效应贡献比较突出的是余干县、新干县、高安市、安义县和都昌县；对粮食生产总效应起抑制作用比较大的是南昌县、贵溪市和永修县。结构效应对粮食生产总效应贡献较高的是丰城市、余干县、南昌县、新建县和东乡县；对粮食生产总效应起抑制作用较明显的是安义县、九江县和瑞昌市。强度效应对粮食生产总效应贡献均起到促进作用，作用强度较大的是鄱阳县、新建县、进贤县和丰城市；对粮食生产总效应贡献较低的区域主要聚集分布在沿江开发带上，包括德安县、湖口县、星子县、瑞昌市、彭泽县、九江县和浮梁县。

研究内容五：鄱阳湖生态经济区粮食生产区位优化分析

本部分采用比较优势指数，根据区域实际情况，结合鄱阳湖生态经济区粮食生产变化情况及其驱动因子进行分析，主要结论如下：

第一，南昌县、进贤县、新建县、都昌县、丰城市、樟树市、高安市、余干县和鄱阳县等 9 个县（市）规模效应指数具有比较优势，剩下 16 个县（市）规模效应指数则处于比较劣势；南昌县、安义县、乐平市、武宁县、湖口县、新干县、丰城市、樟树市、万年县和余干县等 10 个县（市）广度效应指数具有比较优势，余江县广度效应指数与鄱阳湖生态经济区平均水平相同，剩下 14 个县（市）广度效应指数则处于比较劣势；南昌县、新建县、进贤县、都昌县、余江县、贵溪市、新干县、东乡县、丰城市、樟树市、余干县、高安市、鄱阳县和万年县等 14 个县（市）结构效应指数具有比较优势，剩下 11 个县（市）结构效应指数处于比较劣势；南昌县、新建县、进贤县、乐平市、浮梁县、永修县、德安县、彭泽县、新干县、丰城市、樟树市、高安市、东乡县和余江县等 14 个县（市、区）强度效应指数具有比较优势，剩下 11 个县（市）强度效应指数处于比较劣势。

第二，基于鄱阳湖生态经济区粮食生产空间格局变化的特征以及引起变化的驱动效应空间分异情况，结合当前各县（市）驱动效应比较优势的发挥，为进一步促进鄱阳湖生态经济区粮食生产，优化粮食生产布局提供了指导方向，即鄱阳县、樟树市、都昌县、余干县、高安市、新建县、进贤县等地区，在统筹耕地保护与城镇化发展的同时，实现规模化经营；加强对彭泽县、星子县、湖口县、万年县等湖滨和沿江生态环境脆弱区耕地的综合治理，提升耕地集约利用水平。积极转向现代耕作技术，大力支持生物技术发展；加快武宁县、安义县、余江县、永修县、东乡县、万年县等邻近大中小城市区域的农产品物流体系建设，提高农产品收益；加大非农经济较发达的南昌县、丰城市、樟树市、新建县、进贤县、贵溪市等地区农业生产支持力度，积极引导劳动力合理流动。完善粮食生产补贴政策，加大对粮食主产县（市）的扶持力度和粮食生产科技研发、推广力度；加强瑞昌市、武宁县、湖口县、万年县、九江县、星子县、都昌县、余干县和鄱阳县等地区农田水利基础设施建设和中低产田改造。

8.2 政策建议

根据上述研究结果，为优化鄱阳湖生态经济区粮食生产布局，确保粮食生产稳定，在减少粮食生产环境污染的基础上，提高粮食全要素生产率，本研究提出如下政策建议：

第一，加强耕地保护，引导粮食生产适度规模经营

耕地资源是粮食生产最主要的基础性资源，严格保护耕地资源是实现粮食生产适度规模经营的先决条件。因此，建议政府部门从两个方面入手，一是加强耕地保护。一方面严格执行耕地占补平衡制度，划定永久基本农田，以此保证粮食生产所需耕地的数量；另一方面大力推进高标准粮田建设，加快中低产田和坡耕地改造，同时，通过秸秆还田、增施绿肥、培肥等改善土壤结构，提高耕地质量。二是完善农用耕地流转制度。在稳定家庭联产承包责任制基础上，建立适应市场经济发展要求的耕地流转体制，赋予农民对承包地占有、使用、收益、抵押及担保权能，促使农用耕地使用权、经营权适度向懂技术、善经营的种粮大户集中；此外，允许承包经营权入股入市，为实现粮食生产适度规模经营提供资金支持。

第二，完善粮食生产补贴政策

随着 2004 年粮食生产补贴由间接补贴变为直接补贴，对调动农民种粮积极性起到了相当大的作用，极大地刺激了粮食生产，推动了鄱阳湖生态经济区粮食逐年增产，在确保鄱阳湖生态经济区甚至江西省粮食安全方面发挥了积极作用，但目前实行的直补政策属于“普惠型”政策，随着时间的推移，对种粮农民产生的激励作用逐步衰退，原因是多方面的，但与农业补贴立法严重滞后不无关系。应积极开展农业补贴立法工作，借鉴发达国家的做法，制定农业补贴基本法，以保证农业补贴政策规范有效运行，从源头上控制和防范农业补贴“范围、方式、使用、监管”等方面存在的问题。同时，逐步提高补贴标准。近年来，中央对农业的补贴力度逐年加大，但是与发达国家相比，补贴标准还相对较低，种粮农民期盼着“粮价高一点、补贴多一点、农资稳一点”。另外，应加大对产粮大县的扶持力度，对产粮大县应有一定的政策倾斜，让产粮大县少吃亏或不吃亏，保护好各方面抓粮食生产的积极性。在种粮土地都享受国家补贴政策方面，一些地方实际耕地面积与享受财政粮食直补和农资综合补贴面积有较大差距。建议国土部门协同乡镇政府对瞒报、漏报耕地和其他“黑地”面积进行核实，将其纳入农业补贴范围。对新增、复耕土地，应予以鼓励。具体操作上，由国土部门核定耕地面积，农业部门核定种粮面积，统计部门的耕地面积、种粮面积应以国土、农业部门数据为准，避免部门之间数据误差、信息混乱。在此基础上，改善种粮直接补贴方式，根据实际种地农民出售的粮食进行补贴，使种粮直接补贴资金真正补给种粮农民，调动种粮农民的积极性。

第三，加大粮食生产科技研发和推广力度

“科学技术是第一生产力”，技术进步不仅是鄱阳湖生态经济区粮食全要素生产率增长的主要源泉，更是实现可持续增长的重要途径。但是，目前技术扩散，即技术转换率不高。

为此，建议政府部门应进一步加大粮食生产科技研发、促进技术推广。一是继续加大科技研发投入力度。加大对良种培育、高科技灌溉和机械耕作等专项科研项目、“产学研”合作等形式的扶持力度，逐步提高农业科技研发投入占农业增加值的比重，建立投入稳定增长的长效机制，促进技术进步；二是建立高等院校和农业研发机构科研合作机制。联合江西农业大学、江西省农业科学院以及相关涉农单位就粮食生产新技术加强科研攻关，切实提高科技转化率；三是加快新技术推广。一方面加大对基层农业技术推广体系的建设，促使优秀的粮食生产科技成果顺利推广。通过粮食产业化、商业化等不同路径，加强粮农对现有前沿生产技术内部消化和吸收，促使粮农感受到新技术带来的收益增加；另一方面，提高农民的种粮管理水平。通过加大对种粮农民的生产技术培训和推广，提升粮农的专业技能，强化粮农对科技知识的运用程度和田间管理水平。

第四，加大农业基础设施建设力度

农业基础设施对粮食生产具有重大影响，加强基础设施建设，不仅有助于粮食流通，而且有助于提高粮食生产防灾、抗灾能力。为此，建议政府部门一是加快粮食物流基础设施建设，在粮食产销区之间建立若干条高效、畅通、快速的粮食物流通道，提高粮食快速中转和市场供应能力。二是加大农田水利基础设施建设。农田水利基础设施是发展现代农业的重要保证，应进一步加强以水利为重点的农业基础设施建设，大力支持中低产田改造，积极发展绿色农业、有机农业、循环农业、节水农业，建立以国家为主导的投资体系，对贫困地区减免配套资金，调动农民、集体、社会参与投资建设农村基础设施的积极性。

第五，提高整个区域粮食全要素生产率

鉴于鄱阳湖生态经济区粮食全要素生产率、技术进步和技术效率的空间异质性，建议各县（市）加强科技交流和合作，通过要素流动性、技术溢出性提高整个区域粮食全要素生产率。同时，鄱阳湖生态经济区各县（市）粮食全要素生产率和粮食产出的局部空间自相关主要集中在鄱阳湖生态经济区西部，粮食产出高的地区其周邻地区全要素生产率也高的县（市）较少，大部分县（市）仍然依赖扩大粮食种植面积来提高粮食产量，需要由依赖资源提高粮食产量向依赖全要素生产率提升提高粮食产量转型。

第六，充分发挥各驱动效应比较优势，优化粮食生产布局

实证分析表明，鄱阳湖生态经济区粮食生产布局发生了显著且有规律的时空变化，这种变化，是规模效应、广度效应、结构效应和强度效应共同作用的结果。为此，建议政府部门高度重视粮食生产时空变化，在粮食生产区域功能规划宏观调控方面，应根据各地的资源禀赋、区位条件，积极支持和鼓励粮食产销区以经济利益为纽带，以市场为导向，充分发挥各自驱动效应的比较优势，形成科学合理的粮食生产布局、促进粮食生产综合能力提高、保障鄱阳湖生态经济区甚至江西省粮食安全水平。

第七，提高鄱阳湖生态经济区粮食环境技术效率，走可持续发展道路

通过对鄱阳湖生态经济区粮食生产技术效率时空演变及环境协调性探究，建议：一是鄱阳湖生态经济区各县（市）粮食生产传统技术效率和环境技术效率的波动较大，因此，应该因地制宜对鄱阳湖生态经济区各县（市）粮食生产技术效率提高采取差异化激励政策，即粮食生产与环境协调性地区应在原有的粮食生产方式基础上进一步优化发展，而粮食生产与环境不协调地区应转变原有的粮食生产方式，学习周边粮食生产与环境协调地区的发展模式。二是通过鄱阳湖生态经济区两种技术效率的比较分析，粮食生产传统技术效率相对较大的占多数，说明大部分地区的粮食增长是以施用化肥等化学投入、牺牲环境为代价实现的，因此，应该改变粮食生产方式，注重环境因素，走“资源节约型、环境友好型”的发展道路，以实现粮食生产的可持续。三是政府应采取措施积极引导有机肥的生产和使用，通过给予生产、使用有机肥的企业和个人补贴的形式，逐步减少无机化肥的生产和限制无机化肥的施用量，加大对粮食生产可持续性的支持力度。

第八，推进粮食生产规模化经营，提高粮食全要素生产率

2016 年“中央一号”文件在供给侧改革中就强调要提高供给结构对需求变化的适应性和灵活性，提高全要素生产率，本研究对鄱阳湖生态经济区粮食全要素生产率做了深入研究，发现鄱阳湖生态经济区粮食生产规模效率下降阻碍了粮食全要素生产率增长，因此应推动粮食生产模式的创新，提高耕地资源利用效用。为此，建议各级政府从推进粮食规模化经营入手，推动粮食全要素生产率增长。一是完善农村土地承包经营权流转制度，规范土地转租行为。这样，一方面可以缓解耕地过分细碎化，提高规模效率，另一方面有利于集中耕地进行集约化、机械化和产业化经营；二是培育和发展粮食生产合作组织，引导合作组织发展多种形式的规模化经营。粮食生产合作组织不仅有利于粮食生产新技术和优良品种的推广，而且利于农机具、农药、化肥等生产资料的合理配置，实现粮食生产的规模经济性；三是因地制宜地确定粮食生产适度规模，并配合耕地整理、农田改造等基础设施建设，扩大对耕地的利用效率。

参考文献

[1] 陈海燕，张世英. 我国粮食生产的地区差异[J]. 统计与决策，2006（10）：72-74.

[2] 陈苏，张利国. 鄱阳湖生态经济区粮食全要素生产率研究——基于25个县（市）面板数据的DEA分析[J]. 鄱阳湖学刊，2013（6）：81-86.

[3] 陈秧分，李先德. 中国粮食总产量变化的时空格局与影响因素[J]. 农业工程学报，2013，29（20）：1-10.

[4] 程叶青，张平宇. 中国粮食生产的区域格局变化及东北商品粮基地的响应[J]. 地理科学，2005，25（5）：513-520.

[5] 程叶青，何秀丽. 东北地区粮食生产的结构变动及比较优势分析[J]. 干旱地区农业研究，2005，23（3）：1-7.

[6] 仇方道，钱进，佟连军，等. 江苏省粮食生产时空格局演变及影响因素[J]. 农业现代化研究，2009，2009，30（1）：11-15.

[7] 党安荣，阎守邕，周艺. 中国粮食生产发展的时序变化研究[J]. 地理研究，1998，17（3）：242-247.

[8] 邓宗兵，封永刚，张俊亮，等. 中国粮食生产空间布局变迁的特征分析[J]. 经济地理，2013，33（5）：117-123.

[9] 范业龙，陆玉麒，赵俊华，等. 中国粮食生产区域差异的多尺度分析[J]. 经济地理，2014，34（10）：124-130.

[10] 黄国勤. 江西省生态安全面临的问题和生态建设对策[J]. 安全与环境学报，2006，6（2）：67-74.

[11] 黄玖辉. 中国粮食区域调控与管理研究[M]. 成都：西南财经大学出版社，2005.

[12] 金涛，陶凯俐. 江苏省粮食生产时空变化的耕地利用因素分解[J]. 资源科学，2013，35（4）：758-763.

[13] 金涛，陆建飞. 江苏粮食生产地域分化的耕地因素分解[J]. 经济地理，2011，31（11）：1886-1890.

[14] 李裕瑞，卞新民. 江苏省粮食生产地域格局变化研究[J]. 地域研究与开发，2008，27（2）：113-117.

[15] 刘玉杰，杨艳昭，封志明. 中国粮食生产的区域格局变化及其可能影响[J]. 资源科学，2007，29（2）：8-14.

[16] 陆文聪，梅燕. 中国粮食生产区域格局变化及其成因实证分析——基于空间计量经济学模型[J]. 中国农业大学学报（社会科学版），2007，24（3）：140-151.

[17] 陆文聪，梅燕，李元龙. 中国粮食生产的区域变化：人地关系、非农就业与劳动报酬的影响效应[J].

中国人口科学，2008（3）：20-28.

[18] 罗万纯，陈永福. 中国粮食生产区域格局及影响因素研究[J]. 农业技术经济，2005（6）：58-64.

[19] 鲁奇，吕鸣伦. 五十年代以来我国粮食生产地域格局变化趋势及原因初探[J]. 地理科学进展，1997，16（1）：31-36.

[20] 屈宝香，张华，李刚. 中国粮食生产布局与结构区域演变分析[J]. 中国农业资源与区划，2011，32（1）：1-6.

[21] 谭智心，曹慧，陈洁. 中国粮食生产区域布局的演变特征及成因分析——基于全国各省（区）面板数据的实证研究[J]. 调研世界，2012（9）：7-11.

[22] 王介勇，刘彦随. 1990 年至 2005 年中国粮食总产量重心演进格局及其驱动机制[J]. 资源科学，2009，31（7）：1188-1194.

[23] 王明利，李志军. 我国粳稻生产：区域布局变化及粮食安全政策含义[J]. 农业经济问题，2005（6）：66-70.

[24] 王雨濛. 湖北省粮食生产灰色关联动态分析[J]. 农业技术经济，2011（6）：81-86.

[25] 汪勇，王滨，马仓，等. 基于耕地面积订正的中国复种指数研究[J]. 中国土地科学，2008，22（12）：46-52.

[26] 薛宇峰. 中国粮食生产区域分化特征和成因的实证研究[J]. 经济经纬，2005（2）：105-109.

[27] 杨春. 中国粮食作物生产布局变迁实证[J]. 经济地理，2008，28（5）：813-816.

[28] 杨春. 中国主要粮食作物生产布局变迁及区位优化研究[D]. 浙江大学，2009.

[29] 杨春，陆文聪. 基于空间计量经济模型的县域粮食生产区域格局研究[J]. 农业技术经济，2010（5）：24-29.

[30] 殷培红，方修琦，马玉玲. 21 世纪初我国粮食供需的新空间格局[J]. 自然资源学报，2006，21（4）：625-632.

[31] 张利国，陈苏，王慧芳. 新世纪以来鄱阳湖生态经济区粮食生产时空演变的实证分析[J]. 鄱阳湖学刊，2014（1）：71-78.

[32] 张利国，陈苏. 基于耕地利用效用的粮食生产时空变化分析——以江西省为例[J]. 江西财经大学学报，2014（1）：10-17.

[33] 张利国，陈苏. 中国人均粮食占有量时空演变及驱动因素[J]. 经济地理，2015，35（3）：124-131.

[34] 张落成. 我国粮食生产布局变化特点及其成因分析[J]. 长江流域资源与环境，2000，9（2）：221-228.

[35] 张淼，金涛. 江苏省耕地利用时空格局演变分析[J]. 江苏农业科学，2013，41（6）：343-346.

[36] 赵宏波，马延吉. 老工业基地城市可达性及经济联系格局研究——以吉林省为例[J]. 地理科学，2013（11）：1316-1322.

[37] 钟甫宁，朱晶，曹宝明. 粮食市场的改革与全球化[M]. 北京：中国农业出版社，2004：101-123.

[38] 陈卫平. 我国玉米全要素生产率增长及其对产出的贡献[J]. 经济问题，2006（2）：40-42.

[39] 王明利，吕新业. 我国水稻生产率增长、技术进步与效率变化[J]. 农业技术经济，2006（6）：24-29.

[40] 丁岩，翟印礼，周艳波，等. 辽吉两省玉米全要素生产率的比较研究——基于莫氏指数的研究[J]. 商业研究，2008（12）：181-182.

[41] 杨兴龙，王凯. 中国玉米加工业生产率增长、技术进步与效率变化——以4个玉米主产省为例[J]. 中国农村观察，2008（4）：53-61，81.

[42] 赵贵玉，张越杰，葛世萍. 黑龙江省玉米生产效率研究[J]. 玉米科学，2009，17（4）：139-143.

[43] 魏丹，闵锐，王雅鹏. 粮食生产率增长、技术进步、技术效率——基于中国分省数据的经验分析[J]. 中国科技论坛，2010（8）：140-145.

[44] 黄金波，周先波. 中国粮食生产的技术效率与全要素生产率增长：1978—2008[J]. 南方经济，2010（9）：40-52.

[45] 刘战伟. 我国欠发达地区粮食生产效率的实证研究——基于DEA和Malmquist指数法分析[J]. 江西农业大学学报（社会科学版），2011（2）：9-15.

[46] 张海波，刘颖. 我国粮食主产省农业全要素生产率实证分析[J]. 华中农业大学学报（社会科学版），2011（5）：35-38.

[47] 肖红波，王济民. 新世纪以来我国粮食综合技术效率和全要素生产率分析[J]. 农业技术经济，2012（1）：36-46.

[48] 闵锐. 粮食全要素生产率：基于序列 DEA 与湖北主产区县域面板数据的实证分析[J]. 农业技术经济，2012（1）：47-55.

[49] 徐丽君，杨敏丽. 基于 Malmquist 指数法的水稻生产效率实证分析[J]. 农业机械学报，2012（S1）：169-174.

[50] 陈书章，徐峥，任晓静，等. 我国小麦主产区综合技术效率波动及要素投入优化分析[J]. 农业技术经济，2012（12）：39-50.

[51] 杨锦英，韩晓娜，方行明. 中国粮食生产效率实证研究[J]. 经济学动态，2013（6）：47-53.

[52] 薛龙，刘旗. 河南省粮食生产综合技术效率和全要素生产率分析[J]. 河南农业大学学报，2013（3）：345-350.

[53] 曲会朋，李宁，田玉英. 玉米全要素生产率非参数测算分析及对策[J]. 农机化研究，2014（6）：33-36，40.

[54] 马林静，王雅鹏，田云. 中国粮食全要素生产率及影响因素的区域分异研究[J]. 农业现代化研究，2014，35（4）：385-391.

[55] 效赛丽，朱秀英，赵亚娟，等. 基于 SFA 的河南省粮食全要素生产率分析[J]. 河南农业大学学报，2015（6）：861-865.

[56] 朱满德，李辛一，程国强. 综合性收入补贴对中国玉米全要素生产率的影响分析——基于省级面板数据的 DEA-Tobit 两阶段法[J]. 中国农村经济，2015（11）：4-14，53.

[57] 杨皓天，句芳. 基于 DEA 模型的内蒙古农村牧区粮食生产效率实证研究——源于内蒙古 10 个地区的 1312 户农牧户调研数据[J]. 干旱区资源与环境，2015，29（6）：32-38.

[58] 焦晋鹏，宋晓洪. 粮食全要素生产率影响因素的实证分析[J]. 统计与决策，2015（11）：126-129.

[59] 范丽霞. 技术效率、技术进步与粮食生产率增长[J]. 经济经纬，2016（3）：31-36.

[60] 尹朝静，李谷成，葛静芳. 粮食安全：气候变化与粮食生产率增长——基于 HP 滤波和序列 DEA 方法的实证分析[J]. 资源科学，2016，38（4）：665-675.

[61] 张利国，鲍丙飞. 我国粮食主产区粮食全要素生产率时空演变及驱动因素[J]. 经济地理，2016，36（3）：147-152.

[62] 汪慧玲，卢锦培. 环境约束下粮食安全与经济可持续发展的实证研究[J]. 资源科学，2014，36（10）：2149-2156.

[63] 闵锐，李谷成. 环境约束条件下的中国粮食全要素生产率增长与分解——基于省域面板数据与序列 Malmquist-Luenberger 指数的观察[J]. 经济评论，2012（5）：34-42.

[64] 闵锐，李谷成. 可持续发展视角下粮食生产技术效率的实证研究——基于湖北省县域面板数据与序列 DEA 的观察[J]. 湖北大学学报（哲学社会科学版），2012（64）：46-51.

[65] 闵锐，李谷成. 转型期湖北省粮食绿色全要素生产率增长与分解——基于全国宏观横向比较的维度[J]. 湖北大学学报（哲学社会科学版），2014（1）：137-141.

[66] 闵锐，李谷成. 环境约束下湖北省粮食生产技术效率研究[J]. 统计与决策，2013（21）：90-93.

[67] 李静，孙有珍. 资源与环境双重约束下的粮食生产用水效率研究[J]. 水资源保护，2015，31（6）：67-75.

[68] 赵丽平，侯德林，王雅鹏，等. 城镇化对粮食生产环境技术效率影响研究[J]. 中国人口·资源与环境，2016，26（3）：153-162.

[69] 赵丽平，王雅鹏，何可. 我国粮食生产的环境技术效率测度[J]. 华南农业大学学报（社会科学版），2016（3）：28-37.

[70] 闵锐，李谷成. “两型”视角下我国粮食生产技术效率的空间分异[J]. 经济地理，2013，33（3）：144-149.

[71] 马卫鹏，曹淑华，聂雷，等. 安徽省粮食总产量变化态势及影响因素驱动力分析[J]. 世界农业，2014（9）：178-184.

[72] 聂雷，郭忠兴，汪险生，等. 我国主要粮食作物生产重心演变分析[J]. 农业现代化研究，2015，36（3）：380-386.

[73] 方彦杰，张绪成，侯慧芝，等. 近 20 年来甘肃省黄土高原区粮食总产量的影响因素及未来粮食需求分析[J]. 中国农业科技导报，2015，17（4）：165-175.

[74] 田红宇，祝志勇，刘魏. 粮食“十一连增”期间生产区域格局的变化及成因[J]. 华南农业大学学报（社会科学版），2016（2）：90-101.

[75] 周立青，程叶青. 黑龙江省粮食生产的时空格局及动因分析[J]. 自然资源学报，2015，30（3）：491-501.

[76] 张利国，刘芳. 鄱阳湖生态经济区粮食生产空间格局变迁及驱动因素实证分析[J]. 鄱阳湖学刊，2015（5）：97-103.

[77] 金涛，夏晴，岳蒙蒙，等. 粮饲兼顾视角下江苏省粮食产需格局及其优化策略[J]. 经济地理，2016，36（6）：136-141.

[78] 高军波，刘彦随，张永显. 1990—2012 年淮河流域粮食生产的时空演进及驱动机制[J]. 水土保持通报，2016，36（3）：179-185，192.

[79] 刘腾谣，吴玲. 我国粮食生产区域变化特征及影响因素分析[J]. 江苏农业科学，2016，44（4）：548-551.

[80] 徐海亚，朱会义. 基于自然地理分区的 1990—2010 年中国粮食生产格局变化[J]. 地理学报，2015，70（4）：582-590.

[81] 仲俊涛，米文宝，候景伟，等. 改革开放以来宁夏区域差异与空间格局研究——基于人口、经济和粮食重心的演变特征及耦合关系[J]. 经济地理，2014，34（5）：14-20，47.

[82] 盖兆雪，赵映慧，张雪松，等. 县域尺度下东北地区粮食总产量空间格局动态变化研究[J]. 广东农业科学，2015（23）：220-225+2.

[83] 李岩岩，康新梅. 基于 SIR 方法分析重庆市粮食总产量[J]. 西南师范大学学报（自然科学版），2016，41（5）：194-198.

[84] 柴盈. 粮食生产率增长及来源财政政策还是亩产技术[J]. 广东财经大学学报，2013，28（2）：64-69.

[85] 丁文斌，徐通，王雅鹏，等. 粮食主产省粮食生产投入要素效率 DEA 分析——基于 1990—2004 年湖北省投入要素的实证分析[J]. 西北农林科技大学学报（社会科学版），2007，7（4）：56-60.

[86] 高玉强. 基于 DEA 模型的粮食直接补贴效率评价[J]. 西华大学学报（哲学社会科学版），2010，29（3）：92-96.

[87] 黄臻. 我国粮食生产影响因素分析——基于 C-D 生产函数的岭回归分析[J]. 税务与经济，2014（5）：50-54.

[88] 何新安，熊启泉，刘莹丰．1993—2005 年广东农业生产率的变动与分解——基于 Malmquist 生产率指数的实证分析[J]．南方经济，2009（2）：69-80．

[89] 黄安胜，许佳贤，郑晶，等．全国视域下的粮食主产区农业全要素生产率实证分析——基于 1998—2012 年省际面板数据[J]．湖北农业科学，2014，53（24）：6137-6141．

[90] 江东坡，朱满德，伍国勇．收入性补贴提高了中国小麦生产技术效率吗——基于随机前沿函数和技术效率损失函数的实证[J]．农业现代化研究，2017，38（1）：15-22．

[91] 亢霞，刘秀梅．我国粮食生产的技术效率分析——基于随机前沿分析方法[J]．中国农村观察，2005（4）：25-32．

[92] 栾江，仇焕广，井月，等．我国化肥施用量持续增长的原因分解及趋势预测[J]．自然资源学报，2013，28（11）：1869-1878．

[93] 李茂松，李章成，王道龙，等．50 年来我国自然灾害变化对粮食总产量的影响[J]．自然灾害学报，2005，14（2）：55-60．

[94] 李谷成，冯中朝，范丽霞．小农户真的更加具有效率吗？来自湖北省的经验证据[J]．经济学季刊，2010，9（1）：99-128．

[95] 毛智勇，高平．国家粮食安全与种粮补贴初探[J]．江西社会科学，2004（11）：240-246．

[96] 马林静，王雅鹏，吴娟．中国粮食生产技术效率的空间非均衡与收敛性分析[J]．农业技术经济，2015（4）：4-12．

[97] 彭国华．中国地区收入差距、全要素生产率及其收敛分析[J]．经济研究，2005（9）：19-29．

[98] 庞英，段耀．中国黄河流域粮食产出规模效率及结构优化策略研究[J]．干旱区资源与环境，2009，23（1）：3-9．

[99] 庞英，李树超，周蕾，等．中国粮食生产资源配置效率及其区域差异——基于动态 Malmquist 指数的经验[J]．经济地理，2008，28（1）：113-117，162．

[100] 乔世君．中国粮食生产技术效率的实证研究——随机前沿面生产函数的应用[J]．数理统计与管理，2004，23（3）：11-16．

[101] 吴绍洪，戴尔阜，靳京．山东省禹城市粮食生产资源利用效率评价[J]．资源科学，2007，29（1）：21-26．

[102] 王德文，黄季焜．双轨制度下中国农户粮食供给反应分析[J]．经济研究，2001（12）：55-65．

[103] 王兵，杨华，朱宁．中国各省份农业效率和全要素生产率增长——基于 SBM 方向性距离函数的实证分析[J]．南方经济，2011，29（10）：12-26．

[104] 肖芸，赵敏娟．基于随机前沿分析的不同粮食生产规模农户生产技术效率差异及影响因素分析——以陕西关中农户为例[J]．中国农学通报，2013，29（15）：42-49．

[105] 李少昆，赵久然，董树亭，等．中国玉米栽培研究进展与展望[J]．中国农业科学，2017，50（11）：1941-1959．

[106] 杨义武，林万龙，张莉琴．农业技术进步、技术效率与粮食生产——来自中国省级面板数据的经验分析[J]．农业技术经济，2017（5）：46-56．

[107] 张艳虹，卫龙宝，高叙文．基于一步法 SFA 模型的非农参与影响粮食生产技术效率的研究——来源于黑龙江省 1140 户农户的实证检验[J]．科技与经济，2017（2）：41-45．

[108] 范丽霞．中国粮食全要素生产率的分布动态与趋势演进——基于 1978—2012 年省级面板数据的实证[J]．农村经济，2017（3）：49-54．

[109] 陈红，关博，孙文娇．我国粮食主产区不同环境规制下农业生产效率研究[J]．商业研究，2017（3）：167-174．

[110] 李辛一，陈其兰．粮食收入性补贴对中国籼稻全要素生产率的影响——基于 2002—2013 年面板数据的实证[J]．当代经济，2017（5）：6-9．

[111] 章乐，郑循刚．城镇化与粮食生产效率关系的 VAR 模型分析[J]．中国农业资源与区划，2017，38（1）：96-100．

[112] 江东坡，朱满德，伍国勇．收入性补贴提高了中国小麦生产技术效率吗——基于随机前沿函数和技术效率损失函数的实证[J]．农业现代化研究，2017，38（1）：15-22．

[113] 田旭，王善高．中国粮食生产环境效率及其影响因素分析[J]．资源科学，2016，38（11）：2106-2116．

[114] 刘其涛．低碳经济视域下中国粮食全要素生产率变化实证研究[J]．江苏农业科学，2016，44（10）：524-527．

[115] 郎新婷，马惠兰．新疆小麦生产效率及地区差异研究[J]．中国农业资源与区划，2016，37（10）：127-133．

[116] 陈军民．基于非参数 HMB 指数法的河南省粮食生产效率变动分析[J]．江苏农业科学，2016，44（9）：559-562．

[117] 郝平．关于粮食生产技术效率的文献综述[J]．知识经济，2016（17）：83-84．

[118] 江松颖，刘颖，王嫚嫚．我国谷物全要素生产率的动态演进及区域差异研究[J]．农业技术经济，2016（6）：13-20．

[119] 尹朝静，李谷成，葛静芳．粮食安全：气候变化与粮食生产率增长——基于 HP 滤波和序列 DEA 方法的实证分析[J]．资源科学，2016，38（4）：665-675．

[120] 王雅鹏，李俊睿，马林静，等．农村劳动力选择性转移对粮食生产技术效率的影响[J]．粮食科技与经济，2016（2）：22-26．

[121] 胡逸文，霍学喜．农户禀赋对粮食生产技术效率的影响分析——基于河南农户粮食生产数据的实证

[J]. 经济经纬，2016（2）：42-47.

[122] 何彩莲，邓文，郑顺林. 粮食生产技术效率研究综述[J]. 湖南农业科学，2016（2）：111-114.

[123] 王琛，吴敬学. 我国玉米产业生产技术效率与其影响因素研究——基于 2001—2011 年的省级面板数据[J]. 中国农业资源与区划，2015，36（4）：23-32.

[124] 李静，马潇璨. 资源与环境约束下的产粮区粮食生产用水效率与影响因素研究[J]. 农业现代化研究，2015，36（2）：252-258.

[125] 宁爱凤，刘友兆. 城市化进程中农业生产效率研究——基于粮食生产的视角[J]. 资源科学，2013，35（6）：1174-1183.

[126] 邓美华，尹斌，张绍林，等. 不同施氮量和施氮方式对稻田氨挥发损失的影响[J]. 土壤，2006，38（3）：263-269.

[127] 朱兆良. 推荐氮肥适宜施用量的方法论刍议[J]. 植物营养与肥料学报，2006，12（1）：1-4.

[128] 杭斌，周小梅. 我国粮食生产技术有效率的区域分析[J]. 统计研究，2002（1）：30-32.

[129] 杭斌，赵俊康. 我国粮食生产中的技术有效率[J]. 生产力研究，1996（4）：28-31，9，81.

[130] Anselin，L. Spatial Econometrics：Methods and Models[M]. Dordrecht，Kluwer Academic Publishers，1988.

[131] Anselin，L. Lagrange Multiplier Test Diagnostics for Spatial Dependence and Spatial Heterogeneity[J]. Geographical Analysis，1988（20）：1-17.

[132] Baltagi Badi H，Song Seuck Heun，Koh Won. Testing Panel Data Regression Modelswith Spatial Error Correlation[J]. Journal of Econometrics，2003，35（4）：117-123.

[133] Balestra P，Nerlove M. Pooling Cross Section and Time Series Data in the Estimation of a Dynamic Model：The Demand for Natural Gas [J]. Econometrica，1966，34（3）：585-612.

[134] Cho，S. H. Newinan，D. H. Spatial Analysis of Rural Land Development[J]. Forest Policy Economics，2005，7（5）：732-744.

[135] Driscoll J C. and Kraay A C. Consistent Covariance Matrix Estimation with Spatially Dependent Panel Data[J]. The Review of Economics and Statistics，1998（80）：549-560.

[136] Druska Viliam，Horrace William C. Generalized Moments Estimation for Spatial Panel Data：Indonesian Rice Farming[J]. American Journal of Agricultural Economics，2004，86（1）：185-198.

[137] Elhorst J，Paul. Specification and Estimation of Spatial Panel Data Models[J]. International Regional Science Review，2003，26（3）：244-268.

[138] Heilig G K，GFiseher，HvanVelthuizen. Can China Feed Itself？ An Analysis of China's Food Prospects with Special Reference to Water Resources[J]. International Journal of Sustainable Development and

World Ecology，2000（7）：153-172.

[139] Hollowy，G. J. ，Lacombe，D. LeSage，J. p. Spatial Econometric Issues for Bio-economicand Land-use Modeling[J]. Journal of Agricultural Economics，2007，58（56）：549-588.

[140] Long H L，Zou J. Grain Production Driven by Variations in Farmland use in China：an Analysis of Security Patterns [J]. Journal of Resources and Ecology，2010，1（1）：60-67.

[141] Kelejian H H，Prucha I R. A Generalized Moments Estimator for the Autoregressive Parameter in a Spatial Model[J]. International Economic Review，1999，40（2）：509-533.

[142] Maria，F. C. Teodora，E. U. Geographical Distribution of Crime in Italian Provinces：a Spatial Econometric Analysis[J]. Jahrbuch fur Regional Wissen Schaft，2009，29（1）：128.

[143] Muller，Z. Land-use Dynamics in the Central Highlands of Vietnam：a Spatial Model Combining Village Survey Data[J]. Agricultural Economics，2002，27（3）：333-354.

[144] Nelson G C，Geoghegan J. Deforestation and land use change：sparse data environments[J]. Journal of Agricultural Economics，2007，58（3）：502-516.

[145] Pinto. D，Nelson. L. Land-use Change with Spatially Explicit Data：A Dynamic Approach[J]. Enviornment and Resource Economics，2008，12（5）：129-132.

[146] Tian Weiming，Wan Guanghua. Technical Efficiency and Its Determinants in China's Grain Production[J]. Journal of Productivity Analysis，2001（13）：159-174.

[147] Welsh. R，Hubbell. B，Carpentier，C. L. Agro-food System Restructuring and Geographic Concentration of US Swine Production[J]. Environment and Planning，2003，35（2）：215-229.

[148] Yin P H，Fang X Q，Yun Y R. Regional Differences of Vulnerability of Food Securityin China [J]. Chinese Geographical Science，2009，19（5）：532-544.

[149] Briummer B，Glauben T，Lu W. Policy Reform and Productivity Change in Chinese Agriculture：A Distance Function Approach[J]. Journal of Development Economics，2002，81（1）：61-79.

[150] Fan Shenggen. Effects of Technological Change and Institutional Reform on Production Growth in Chinese Agriculture[J]. American Journal or Agricultural Economics，1991，73：266-275.

[151] Yao S，Liu Z，Zhang Z. Spatial differences efficiency in China. 1987—1992[J]. Economics of Plannin，grain production，2001，34：139-157.

[152] Wen G J. Total factor productivity chance in China's farming sector：1952-89[J]. Economic Development and Cultural Change，1993，42：1-41.

[153] Lambert D. K and Parker E. Productivity in Chinese Provincial Agriculture[J]. Journal of Agricultural Economics，1998，49（3）：378-392.

[154] Yu B，Liu F，Transformation You L. . Dynamic Agricultural Supply Response under Economic[J]. American Journal of Agricultural Economics，2011，94（2）：370-376.

[155] Wang J，Mendelsohn R，Dinar A，et al. The Impact of Climate Change on China's Agriculture [J]. Agricultural Economics，2009，40（3）：323-337.

[156] Arnade C. Using a Programming Approach to Measure International Agricultural Efficiency and Productivity[J]. Journal of Agricultural Economics，1998，49（1）：67-84.

[157] Knight K W. Temporal variation in the relationship between environmental demands and well-being：a panel analysis of developed and less-developed countries[J]. Population & Environment，2014，36（1）：32-47.

[158] Bernard Fingleton. A Generalized Method of Moments Estimator for a Spatial Panel Model with an Endogenous Spatial Lag and Spatial Moving Average Errors[J]. Spatial Economic Analysis，2008，3（1）：27-44.

[159] Li M，Pinto A D，Ulimwengu J M，et al. Impacts of Road Expansion on Deforestation and Biological Carbon Loss in the Democratic Republic of Congo[J]. Environmental and Resource Economics，2015，60（3）：433-469.

[160] Fan T，B. A. Stewart，Wang Y，et al. Long-term fertilization effects on grain yield water- use efficiency and soil fertility in the dry land of Loess Plateau in China[J]. Agriculture Ecosystems & Environment，2005，106（4）：313-329.

[161] Neumann K，Verburg P H，Stehfest E，et al. The yield gap of global grain production：A spatial analysis[J]. Agricultural Systems，2010，103（5）：316-326.

[162] Anselin L，Syabri I，Kho Y. GeoDa：An Introduction to Spatial Data Analysis[J]. Geographical Analysis，2006，38（1）：5-22.

[163] Sanjeev S，Helena T，Richard L，et al. An exploratory spatial data analysis approach to understanding the relationship between deprivation and mortality in Scotland[J]. Social Science & Medicine，2007，65：1942-1952.

[164] Brunsdon C，Fotheringham A S，Charlton M E. Geographically Weighted Regression：A Method for Exploring Spatial Nonstationarity[J]. Geographical Analysis，1996，28（4）：281-298.

[165] Bowman A W. An alternative method of cross-validation for the smoothing of density estimates[J]. Biometrika，1984，71：353-360.

[166] Brunsdon C，Fotheringham A S，Charlton M. Some notes on parametric significance tests for geographical weighted regression[J]. Journal of Regional Science，1999，39（3）：497-524.